Handbibliothek

für das

Deutsche Genossenschaftswesen.

Unter Mitwirkung

von

Dr. Alberti-Wiesbaden, Häntschke-Charlottenburg, Klinkert-Breslau, Oppermann-Magdeburg, Parisius-Charlottenburg, Proebst-München, Dr. Schneider-Potsdam, Siebert-Berlin, Stoeckel-Insterburg, Thorwart-Frankfurt a./M., Vollborn-Friedenau, Wohlgemuth-Berlin

herausgegeben

von

Dr. Hans Crüger,

Anwalt des Allgemeinen Verbandes der auf Selbsthilfe beruhenden deutschen Erwerbs- und Wirthschaftsgenossenschaften.

Siebenter Band:

Das Reichs-Hypothekenrecht.

Berlin 1901.

J. Guttentag, Verlagsbuchhandlung,

G. m. b. H.

Das Reichs-Hypothekenrecht.

Eine kurzgefaßte Darstellung

unter besonderer

Berücksichtigung der Rechtsverhältnisse der Genossenschaften

nebst

Formularen für deren Geschäftsverkehr.

Mit einem Anhang, enthaltend
eine Zusammenstellung der für den derzeitigen Geltungsbereich des Reichs-Hypothekenrechts maßgebenden landesgesetzlichen Vorschriften.

Von

Gerichtsassessor Dr. E. Scholz.

Berlin 1901.
J. Guttentag, Verlagsbuchhandlung,
G. m. b. H.

Vorwort.

Auf mehreren Unterverbandstagen des Sommers 1900, denen ich ein Referat über das neue Hypothekenrecht zu erstatten hatte, wurde der Wunsch laut, meinen Vortrag in etwas erweiterter Form im Druck erscheinen zu sehen. Ich habe gern der Anregung Folge gegeben und dabei den Hauptwerth auf eine möglichst kurzgefaßte Darstellung gelegt.

Eine als Anhang beigefügte Uebersicht über den jetzigen Rechtszustand in den einzelnen Bundesstaaten und Landestheilen dürfte Vielen nicht unwillkommen sein.

Charlottenburg, den 14. November 1900.

Dr. Scholz.

Inhalt.

Anhang:

§ 1.

Geschichtliche Einleitung.

Das Hypothekenrecht oder allgemeiner das Grundstückspfandrecht verdankt seine jetzige, durch die Reichsgesetzgebung geschaffene Gestalt vorwiegend den Einflüssen des Preußischen Rechtes.

Das jüngste römische Recht, wie es im Mittelalter durch die Rezeption in Deutschland Eingang fand, kannte nur ein Pfandrechtsinstitut, die Hypothek, welche gleichmäßig für bewegliche Sachen und für Grundstücke galt. Sie wurde in formloser Weise begründet und übertragen, sodaß jedes äußerlich erkennbare Zeichen dafür fehlte, ob und inwieweit ein Grundstück mit Pfandrechten belastet war. Eine genügende Grundlage für den Realkredit konnte ein solcher Rechtszustand naturgemäß nicht bilden. Es fehlte durchaus die Sicherheit dagegen, daß das Pfandrecht durch ältere Hypotheken entwerthet war, ja man mußte sogar darauf gefaßt sein, daß es wegen Mangels des Eigenthums des Bestellers sich überhaupt als ungültig erwies. Die damalige Gesetzgebung erkannte diese Mißstände sehr wohl; allein die zur Beseitigung angewandten Mittel waren durchaus ungeeignet. Um dem Gläubiger durch den Umfang seiner Rechte das zu ersetzen, was die mangelnde Sicherheit ihn vermissen ließ, führte man die Generalhypothek, d. i. eine Verpfändung des gesammten jetzigen und zukünftigen Vermögens des Schuldners, ein. Man erreichte damit nur eine völlige Verwirrung auf dem Gebiete des Immobilienrechts, die noch gesteigert wurde durch zahlreiche, dem Fiskus, der Ehefrau u. A. eingeräumte gesetzliche Generalhypotheken und Privilegien. Die Unsicherheit des Realkredits wurde begreiflicher Weise so groß, daß in manchen Fällen wohl der Grundstückseigenthümer selbst nicht mehr wußte, welchen Gläubigern und in welcher Reihenfolge sein Grundstück verpfändet war.

Dem gegenüber fand sich im alten Deutschen Rechte von jeher ein Unterschied in der Bestellung des Pfandrechtes an beweglichen und an unbeweglichen Sachen. Schon die hohe Werthschätzung des Grundbesitzes bei unsern Vorfahren — Grundbesitz und Reichthum war für sie ein Begriff — veranlaßte sie, die rechtlichen Veränderungen an Grundstücken auch äußerlich erkennbar zu machen. Demgemäß übertrug das Pfandrecht an einem Grundstücke entweder Besitz und Nutzung desselben — sog. ältere Satzung — oder seine Bestellung war an einen solennen Akt vor Gericht oder Rath geknüpft — jüngere Satzung.

Die beiden sich zunächst schroff gegenüberstehenden Auffassungen des römischen und des alten deutschen Rechts wurden im Laufe der Jahre durch die deutsche Praxis und Gesetzgebung verschmolzen. Bahnbrechend ist auf diesem Gebiete besonders Preußen vorgegangen. Schon vor dem Inkrafttreten des Allgemeinen Landrechts, im Jahre 1783, erging die von Suarez verfaßte Preußische Hypothekenordnung, die bereits im Wesentlichen auf denselben Prinzipien beruht, wie unser heutiges Grundstückspfandrecht. Eine gesetzliche Fixierung des Rechtes der Grundbücher, damals Lagerbücher genannt, ist schon früher eingetreten; bereits Ende des 17. und Anfang des 18. Jahrhunderts finden wir in der preußischen Gesetzgebung Spuren derselben. Seine endgültige Gestaltung hat das preußische Immobiliarrecht in den Gesetzen vom 5. Mai 1872 gefunden, von denen das „Gesetz über den Eigenthumserwerb" das materielle, die Grundbuchordnung das formelle Recht regelt.

Die Reichsgesetzgebung hat sich, wie bereits hervorgehoben, im Allgemeinen eng an das Preußische Vorbild angeschlossen. Sie giebt im achten Abschnitt des dritten Buches des Bürgerlichen Gesetzbuchs (§§ 1113—1203) eine Darstellung des materiellen Grundstückpfandrechts, während das formelle Recht in der Reichsgrundbuchordnung vom 24. März 1897 niedergelegt ist; ihre besondere Behandlung hat die Zwangsvollstreckung in Immobilien durch das „Gesetz über die Zwangsversteigerung und die Zwangsverwaltung", ebenfalls vom 24. März 1897, gefunden.

§ 2.

Das Grundbuchrecht. Zweck und Inhalt der Grundbücher. Leitende Prinzipien der Reichsgrundbuchordnung.

Der Zweck der Grundbücher ist Klarstellung und Kundbarmachung der Rechtsverhältnisse an Grundstücken. Die Einrichtung der Grundbücher bestimmt sich, soweit sie nicht in der Reichsgrundbuchordnung geregelt ist, nach den Anordnungen der Landesjustizverwaltung. In Preußen, dessen Einrichtungen im Wesentlichen von den übrigen Bundesstaaten zum Vorbild genommen sind, besteht das Grundbuchblatt (Allg. Verfügung zur Ausführung der G.B.O. vom 20. November 1899) aus dem Titel und drei Abtheilungen. Der Titel enthält das Verzeichniß der Grundstücke, sowie ein Verzeichniß der mit dem Eigenthume verbundenen Rechte.

Die erste Abtheilung weist den Eigenthümer, den Grund des Erwerbs, den Erwerbspreis, den Werth und die Feuerversicherungssumme nach; die zweite Abtheilung zeigt die Lasten und Beschränkungen des Eigenthums, ihre Veränderungen und Löschungen; die dritte Abtheilung endlich die Hypotheken, Grundschulden, Rentenschulden und ebenfalls ihre Veränderungen und Löschungen.

Grundbuchämter sind mit geringen Ausnahmen (Baden, beide Mecklenburg, Württemberg) überall die Amtsgerichte.

Die für das Reichsgrundbuchrecht maßgebenden wesentlichsten Prinzipien sind die folgenden:

1. Das Publizitätsprinzip: Die Einsicht des Grundbuches steht jedem frei, der ein berechtigtes Interesse darlegt (§ 11 der R.G.B.O.). Ob im Einzelfalle ein „berechtigtes Interesse" anzunehmen ist, ist Frage des richterlichen Ermessens. Oft begegnet man der Auffassung, daß ein solches Interesse nur dann vorhanden sei, wenn der Einsicht Begehrende in irgend welcher Form in dem betreffenden Grundbuchblatt eingetragen ist; es wird also verlangt, daß das Interesse sich aus dem Grundbuche selbst ergebe. Dies Verlangen geht zweifellos zu weit. Insbesondere sollte wohl die glaubhafte Versicherung eines Vorstandsmitgliedes oder beauftragten Beamten eines Kreditvereins, es handle sich um Gewährung von Kredit in irgend welcher Form an einen im Grundbuche Eingetragenen,

ausreichen, um das „rechtliche Interesse" an der Einsicht darzulegen.[1])

2. Das Legalitätsprinzip: Das Grundbuchamt ist verpflichtet, die Rechtsgültigkeit der vollzogenen Auflassung, Eintragungs- und Löschungsbewilligung nach Form und Inhalt zu prüfen.

3. Das Prioritätsprinzip: Ueber den Rang der eingetragenen Rechte entscheidet die Reihenfolge; sind in verschiedenen Abtheilungen des Grundbuchblattes Eintragungen vorgenommen, so entscheidet das Datum der Eintragung.

4. Das Spezialitätsprinzip: Grundstücke und Rechte, die von einer Eintragung betroffen werden, sowie der Inhalt der eingetragenen Rechte müssen bestimmt bezeichnet werden.

5. Das Eintragungsprinzip: Entstehung und Aufhebung der Rechte an Grundstücken ist von der Eintragung und Löschung im Grundbuche abhängig.

6. Der Grundsatz des öffentlichen Glaubens: Der Inhalt des Grundbuches gilt zu Gunsten eines gutgläubigen Dritten als richtig, selbst wenn er mit der wirklichen Rechtslage in Widerspruch steht.

Es möge hier kurz die Haftung für Versehen der Grundbuchbeamten Erwähnung finden. Nach § 12 der R.G.B.O. haftet der Staat für vorsätzliche oder fahrlässige Amtsverletzungen der Grundbuchbeamten, sofern diese letzteren nach § 839 B.G.B. haftbar sein würden. Dies ist unbeschränkt der Fall bei Vorsätzlichkeit; bei Fahrlässigkeit nur dann, wenn der Verletzte nicht auf andere Weise Ersatz zu erlangen vermag. Hieraus ergiebt sich, daß in Grundbuchsachen der Staat bei Vorsätzlichkeit des Grundbuchbeamten in erster Linie, bei Fahrlässigkeit in zweiter Linie haftet. Gemäß § 839 Abs. 3 B.G.B. tritt die Ersatzpflicht nicht ein, wenn der Verletzte vorsätzlich oder fahrlässig unterlassen hat, den Schaden durch Gebrauch eines Rechtsmittels abzuwenden. In jedem Falle bleibt das Recht des Staates, von dem Beamten Ersatz zu verlangen, unberührt; dies Recht richtet sich nach dem Dienstverhältniß des Beamten.

---

[1]) In diesem Sinne spricht sich eine Entscheidung des Kammergerichts vom 14. Mai 1900, mitgetheilt in den „Blättern für Genossenschaftswesen" Nr. 45 S. 458 von 1900, aus.

§ 3.

Begriff und Arten der Grundstückspfandrechte.

Die beiden Hauptarten der Grundstückspfandrechte stehen sich in der an die persönliche Forderung gebundenen Hypothek und der vor der Forderung losgelösten abstrakten Grundschuld gegenüber, beide zugleich Repräsentanten zweier entgegengesetzter Theorien der Grundstücksbelastung, die schon seit Langem in der Grundbuchgesetzgebung, insbesondere in der preußischen, in erbittertem Kampfe liegen. Sowohl das preußische, als ihm folgend das Reichsrecht haben den Kampf durch einen Vergleich geschlichtet: Beide Arten der Belastung bestehen nebeneinander. Ihr schon angedeuteter Unterschied läßt sich klar aus den Definitionen ersehen, die das B.G.B giebt. In § 1191 heißt es:

„Ein Grundstück kann in der Weise belastet werden, daß an denjenigen, zu dessen Gunsten die Belastung erfolgt, eine bestimmte Geldsumme aus dem Grundstücke zu zahlen ist."

Dies ist die Definition der Grundschuld. § 1113 giebt die definition der Hypothek; sie lautet:

„Ein Grundstück kann in der Weise belastet werden, daß an denjenigen, zu dessen Gunsten die Belastung erfolgt, eine bestimmte Geldsumme zur Befriedigung wegen einer ihm zustehenden Forderung aus dem Grundstücke zu zahlen ist."

Der Unterschied liegt lediglich darin, daß die Begriffsbestimmung der Hypothek gegenüber der der Grundschuld den Zusatz: „zur Befriedigung wegen einer ihm zustehenden Forderung" enthält. Hieraus ist zu entnehmen, daß zwar die Hypothek, nicht aber die Grundschuld, eine Forderung zur Voraussetzung hat. Aus dieser Verschiedenheit entspringen auch die Einzelunterschiede zwischen beiden Pfandrechtsarten: Die Vorschriften über die Hypothek finden auf die Grundschuld entsprechende Anwendung, soweit sich nicht daraus ein Anderes ergiebt, daß die Grundschuld nicht eine Forderung voraussetzt (§ 1192 B.G.B.).

A. Die Hypothek kann nur zur Sicherheit einer persönlichen Forderung bestellt werden. Hierin offenbart sich ihre accessorische Natur. Je nachdem diese accessorische Natur streng gewahrt ist, oder nicht, unterscheidet das B.G.B.:

1. Die gewöhnliche Hypothek; sie kann unter Umständen ohne die Forderung weiterbestehen.

2. Die Sicherungshypothek; sie hat unbedingt accessorische Natur und erlischt mit der persönlichen Forderung. Unterarten der Sicherungshypothek sind wiederum:

a) die einfache Sicherungshypothek,

b) die sog. Kautionshypothek,

c) die Zwangshypothek.

B. Die Grundschuld ist abstrakte, nicht eine Forderung voraussetzende Belastung. Eine Unterart ist die Rentenschuld.

Die Grundstückspfandrechte sind weiter verschieden, je nachdem sie an die Ertheilung eines Briefes gebunden sind (Briefhypothek — Buchhypothek).

Endlich ist zu erwähnen die Gesammthypothek: Belastung mehrerer Grundstücke für eine Forderung.

§ 4.

Die Grundstückspfandrechte im Einzelnen.

A. Die Hypothek.

1. Die gewöhnliche Hypothek. Sie wird zwar als Zubehör einer persönlichen Forderung begründet, kann aber dann ohne die Forderung weiterbestehen, wenn sie in die Hand eines gutgläubigen Dritten kommt. In diesem Falle gilt die Forderung, soweit die Hypothek in Frage kommt, als fortbestehend (§ 1138 B.G.B.); eine juristische Konstruktion, welche das Prinzip der accessorischen Natur wahrt, obwohl thatsächlich die Hypothek allein, ohne Forderung, besteht. Nur unter Zuhilfenahme dieser Fiktion darf auch § 1153 B.G.B. verstanden werden, nach welchem die Forderung nicht ohne die Hypothek, die Hypothek nicht ohne die Forderung übertragen werden kann.

2. Die Sicherungshypothek. In ihr zeigt sich das Prinzip der accessorischen Natur in seiner ganzen Reinheit. Die Rechte des Gläubigers aus der Sicherungshypothek bestimmen sich nur nach der Forderung; zum Beweise der Forderung kann er sich nicht auf die Eintragung berufen (§ 1184 B.G.B.). Die Ertheilung eines Hypothekenbriefes ist allgemein ausgeschlossen. Nothwendig muß eine

Sicherungshypothek bestellt werden für Forderungen aus Inhaberpapieren, Wechseln und andern indossabeln Papieren (§§ 1187—1189 B.G.B.). Die Sicherungshypothek erscheint übrigens in einer Beziehung gegenüber der gewöhnlichen Hypothek als minderwerthig; nach § 238 Abs. 2 B.G.B ist „eine Forderung, für die eine Sicherungshypothek besteht, zur Sicherheitsleistung nicht geeignet.“

Folgende Unterarten sind zu unterscheiden:

a) die einfache Sicherungshypothek, die sich auf eine bestimmte Summe bezieht. Sie muß im Grundbuche als Sicherungshypothek bezeichnet werden;

b) die sogenannte Kautionshypothek (auch Ultimathypothek). Sie wird für Forderungen von unbestimmter Höhe unter Eintragung eines Höchstbetrages bestellt. In den Höchstbetrag sind bei verzinslichen Forderungen die Zinsen einzurechnen.

3. Die Zwangshypothek. Dieselbe wird gemäß §§ 866—868 der Civilprozeßordnung im Wege der Zwangsvollstreckung ohne Mitwirkung des Schuldners begründet, und zwar ausschließlich in der Form der Sicherungshypothek. Voraussetzung der Eintragung ist ein Antrag des Gläubigers; der Antrag kann gestellt werden auf Grund eines vollstreckbaren Schuldtitels, doch genügt ein Vollstreckungsbefehl nicht. In jedem Falle darf nur für eine 300 Mark übersteigende Forderung die Zwangshypothek eingetragen werden.

Auch die Vollziehung des Arrestes in ein Grundstück erfolgt gemäß § 932 der Civilprozeßordnung durch Eintragung einer Sicherungs-(Kautions-)-Hypothek für die Forderung; der in dem Arrestbefehl festgestellte Geldbetrag, durch dessen Hinterlegung die Vollziehung des Arrestes gehemmt und der Schuldner zum Antrage auf Aufhebung des vollzogenen Arrestes berechtigt wird, ist als der Höchstbetrag, für welchen das Grundstück haftet, einzutragen.

B. Die Besonderheiten der Grundschuld ergeben sich aus ihrer Unabhängigkeit von der Forderung. Eine Neuerung des B.G.B. liegt in der Möglichkeit der Bestellung von Inhabergrundschulden. Nach § 1195 B.G.B. kann eine Grundschuld in der Weise bestellt werden, daß der Grundschuldbrief auf den Inhaber ausgestellt wird. Es soll diese Bestimmung einen Ersatz bieten für die früher theilweise, z. B. in Preußen, mögliche Blanko-Cession der Grundschuld. Daraus, daß auf die Inhabergrundschuld die Vorschriften über Schuldverschreibungen auf den Inhaber für anwendbar erklärt sind, ergiebt sich, daß die Grundschuldbriefe nicht ohne staatliche Genehmigung in Verkehr gebracht werden dürfen (§ 795 B.G.B.).

Eine Unterart der Grundschuld ist die Rentenschuld. Ihre Eigenthümlichkeit besteht darin, daß in regelmäßig wiederkehrenden Terminen eine bestimmte Geldsumme aus dem Grundstücke zu zahlen ist. Bei ihrer Bestellung muß die Ablösungssumme bestimmt und im Grundbuche eingetragen werden. Das Recht der Ablösung steht dem Eigenthümer zu, der es erst nach vorgängiger, im Zweifel sechsmonatiger Kündigung ausüben kann. Dem Gläubiger kann das Recht, die Ablösung zu verlangen, nicht eingeräumt werden.

Hypothek wie Grundschuld können sowohl mit wie ohne Ertheilung eines Briefes bestellt werden. Die Briefhypothek oder Briefgrundschuld bildet — mit Ausnahme der Sicherungshypothek, bei der die Ertheilung eines Briefes nicht stattfinden darf — die Regel (§ 1116 B.G.B.). Doch kann die Ertheilung des Briefes ausgeschlossen werden; man spricht dann von Buchhypothek oder Buchgrundschuld. Der Gläubiger erwirbt, sofern nicht die Ertheilung des Briefes ausgeschlossen ist, das Pfandrecht erst mit Uebergabe des Briefes Seitens des Eigenthümers.

Für die Uebergangszeit kommen insbesondere die §§ 192, 193 des Einf.Ges. z. B.G.B. in Betracht. Sie bestimmen, daß ein zu der Zeit, zu welcher das Grundbuch als angelegt anzusehen ist (s. Anhang!), an einem Grundstücke bestehendes Pfandrecht von dieser Zeit an als Hypothek gilt, für welche die Ertheilung des Hypothekenbriefes ausgeschlossen ist (Buchhypothek); daß es aber der Landesgesetzgebung vorbehalten bleibt, Bestimmungen zu treffen, nach welchen ein solches Pfandrecht als Hypothek gelten soll, für welche die Ertheilung des Hypothekenbriefes nicht ausgeschlossen ist (Briefhypothek). Von dieser Befugniß hat z. B. Preußen Gebrauch gemacht und in Art. 33 des Ausf.Ges. z. B.G.B. verordnet, daß eine bestehende Hypothek, über welche ein Hypothekenbrief gebildet oder zu bilden ist, von dem bezeichneten Zeitpunkte als Briefhypothek im Sinne des B.G.B. gelten solle.

Besteht für die Forderung eine Hypothek an mehreren Grundstücken — Gesammthypothek — so haftet jedes Grundstück für die ganze Forderung. Der Gläubiger kann nach Belieben Befriedigung aus jedem Grundstücke ganz oder zum Theile suchen; er kann auch die Forderung auf die einzelnen Grundstücke derart vertheilen, daß jedes Grundstück nur für den zugetheilten Betrag haftet (§ 1132 B.G.B.). Ueber die Gesammthypothek soll nur ein Brief ertheilt werden; werden mehrere ertheilt, weil die Grundstücke in verschiedenen Grundbuchämtern liegen, so sind die Briefe zu verbinden (§ 59 G.B.O.). Erfolgt die Befriedigung des Gläubigers aus einem der mit einer Gesammthypothek belasteten Grundstücke, so werden auch die übrigen Grundstücke frei. Doch geht, wenn der Eigenthümer, welcher den Gläubiger befriedigt hat, von dem Eigenthümer eines der anderen Grundstücke oder einem Rechtsvorgänger Ersatz zu fordern berechtigt ist, in Höhe des Ersatzanspruches die Hypothek an dem mitverhafteten Grundstücke auf ihn über.

Die Verschiedenheit der geschilderten Arten der Grundstückspfandrechte ist übrigens nicht so groß, daß nicht allgemein eine Umwandlung einer Art in die andere zugelassen werden könnte. Es kann eine gewöhnliche Hypothek in eine Sicherungs-Hypothek (§ 1186), eine Hypothek in eine Grundschuld (§ 1198), eine Grundschuld in eine Rentenschuld (§ 1203 B.G.B.) und umgekehrt verwandelt werden, und zwar ohne daß es der Zustimmung der im Range gleich- oder nachstehenden Berechtigten bedürfte.

§ 5.

Die Eigenthümerhypothek.

Das Einrücken des Eigenthümers in die Stelle von getilgten oder unwirksamen Hypotheken ist ein Produkt moderner Gesetzgebung und speziell im Gebiete des preußischen Rechtes ausgebildet worden. Das römische und mit ihm das gemeine deutsche Privatrecht kennen nichts ähnliches. In ihren Gebieten galt die sogenannte hypothekarische Succession: Fiel durch Tilgung oder auf andere Weise eine Hypothek fort, so rückte in die dadurch entstehende Lücke die nächste ein. Es kann nicht verkannt werden, daß für die deutschen Realkreditverhältnisse dieser römisch-rechtliche Grundsatz nicht passend erschien. Während in Rom es sich lediglich bei der Hypothek um Sicherung der persönlichen

Forderung handelte, sind jetzt in Deutschland die Hypotheken zu selbständigen Werthen geworden, sie bilden eine vielbegehrte, dauernde Kapitalanlage. Gerade die Behandlung als dauernde Anlage aber bringt es wieder mit sich, daß ein Gläubiger, welcher Kredit auf nachstehende Hypothek giebt, nicht darauf rechnet, daß vorstehende Hypotheken getilgt werden. Er wird vielmehr entsprechend dem Risiko, das er übernimmt und das naturgemäß bei zweiten und dritten Hypotheken größer ist als bei ersten, härtere Beleihungsbedingungen stellen. Erlangt er nun durch Wegfall der voreingetragenen Hypothek deren Rang und die Vorzüge des ersten Hypothekargläubigers, so ist dies für ihn ein unverdienter Vortheil, eine Bereicherung ohne Rechtsgrund. Dem Grundeigenthümer aber würde ein ebenso unverdienter Schaden zugefügt, da ihm nunmehr Kredit wiederum nur zu den dem Risiko des nacheingetragenen Gläubigers entsprechenden erschwerten Bedingungen zur Verfügung stände.[1])

Um diese Unbilligkeit zu verhindern, hat das preußische Recht den Weg eingeschlagen, den Eigenthümer in die Stelle des getilgten Grundstückspfandrechts einrücken zu lassen. Auf diesem Wege ist ihm, unter wesentlichen Erweiterungen, das Bürgerliche Gesetzbuch gefolgt. Nach preußischem Rechte (Eigenthumserwerbsgesetz vom 5. Mai 1872 §§ 63—67) war der Eigenthümer in drei Fällen befugt, entweder die Post auf seinen Namen umschreiben zu lassen, oder über sie zu verfügen; einmal, wenn er eine Hypothek oder Grundschuld tilgte; sodann, wenn er sie von Todeswegen erwarb; und endlich, wenn der Pfandgläubiger Eigenthümer des Pfandgrundstücks wurde. Ausgeschlossen war das Einrücken des Eigenthümers bei Kautionshypotheken.

Nach den Vorschriften des Bürgerlichen Gesetzbuchs findet das Einrücken des Eigenthümers unmittelbar auf Grund des Gesetzes statt, und zwar ganz allgemein bei Grundstückspfandrechten jeder Art, also auch bei Sicherungs- oder Kautionshypotheken. Verschiedenen Charakter erhält die Eigenthümerhypothek, je nachdem dem Eigenthümer die persönliche Forderung zusteht oder nicht. Im ersteren Falle bleibt zwar die Hypothek als solche bestehen, die Rechte

---

1) Vergl. zu diesen Ausführungen Dernburg, Sachenrecht S. 597 f.

des Eigenthümers bestimmen sich aber für die Dauer der Vereinigung von Hypothek und Eigenthum nach den für eine Grundschuld des Eigenthümers geltenden Vorschriften (§ 1177 Abs. 2 B.G.B.). Im zweiten Falle dagegen verwandelt sich die Hypothek ohne Weiteres in eine Grundschuld, bei welcher in Ansehung der Verzinslichkeit, des Zinssatzes und des Zahlungsortes die für die Forderung getroffenen Bestimmungen maßgebend bleiben (§ 1177 Abs. 1). Der Unterschied wird sofort ersichtlich, wenn man den Verkauf des Grundstücks in's Auge faßt: im ersten Falle wird die Vereinigung von Hypothek und Eigenthum in einer Person dadurch aufgehoben, die Hypothek tritt in ihrer speziellen Bedeutung als Accessorium der Forderung ohne Weiteres wieder ein; im zweiten Falle dagegen ist ein für allemal die Verbindung von Pfandrecht und Forderung gelöst, die Grundschuld besteht unabhängig von Letzterer weiter.

Im Einzelnen findet das Einrücken des Eigenthümers nach B.G.B. statt:

A. Mit der Wirkung, daß dem Eigenthümer auch die persönliche Forderung zusteht, die Hypothek also als solche bestehen bleibt:

1. wenn der Eigenthümer nicht der persönliche Schuldner ist, so geht, soweit er den Gläubiger befriedigt, die Forderung — nebst der Hypothek — auf ihn über (§ 1143 Abs. 1);

2. wenn ein Ablösungsberechtigter (vgl. § 268 B.G.B.) den Gläubiger befriedigt, erfolgt dasselbe (§§ 1150, 1144, 1145);

3. soweit ein Gesammtschuldner den Gläubiger befriedigt und von den übrigen Schuldnern Ausgleichung verlangen kann, geht die Forderung des Gläubigers gegen die übrigen Schuldner — mit der Hypothek — auf ihn über (§ 426 Abs. 2);

4. soweit der Bürge den Gläubiger befriedigt, geht die Forderung des Gläubigers gegen den Hauptschuldner auf ihn über (§ 774).

B. Ohne daß dem Eigenthümer auch die persönliche Forderung zusteht, die Hypothek sich also in eine Grundschuld verwandelt:

1. wenn die Forderung, für welche die Hypothek bestellt ist, überhaupt nicht zur Entstehung gelangte (§ 1163 Abs. 1);

2. wenn die Forderung durch Zahlung, Aufrechnung, Vereinigung

von Forderung und Schuld in einer Person ꝛc. erlischt (§ 1163 Abs. 1 Satz 2);

3. bei einer Briefhypothek bis zur Uebergabe des Briefes an den Gläubiger (§ 1163 Abs. 2);

4. wenn der Gläubiger auf die Hypothek verzichtet (§ 1168);

5. mit der Erlassung des Ausschlußurtheils im Aufgebotsverfahren, wenn der Gläubiger unbekannt ist (§ 1170).

Für die Grundschuld gelten nach § 1192 B.G.B. allgemein dieselben Vorschriften wie für die Hypothek, soweit sich nicht daraus ein anderes ergiebt, daß die Grundschuld nicht eine Forderung voraussetzt. Hieraus ergiebt sich, daß das Einrücken des Eigenthümers bei der Grundschuld in den oben unter 3. bis 5. aufgeführten Fällen analog stattfindet. Ferner aber kann eine Grundschuld von vornherein für den Eigenthümer bestellt werden (§ 1196 B.G.B.), was bei der Hypothek naturgemäß ausgeschlossen sein muß, da sie bei ihrer Bestellung von der persönlichen Forderung abhängig ist.

Die Hypothek und Grundschuld des Eigenthümers haben im neuen Rechte eine solche Bedeutung erlangt, daß man wohl allgemein von ihnen sagen kann: In jeder Hypothek, in jeder Grundschuld liegen sie versteckt, um hervorzutreten, wenn jene aus irgend welchem Grunde wegfallen.

§ 6.

Entstehung und Endigung der Hypothek.

I. Zur Begründung der auf Vertrag beruhenden Hypothek — im Gegensatz zur Zwangshypothek, die ohne Mitwirkung des Schuldners begründet wird (s. oben Seite 15) — ist erforderlich (§ 873 B.G.B.):

1. Die Einigung des Grundeigenthümers und des Gläubigers über die Bestellung der Hypothek. Sie bedarf keiner besonderen Form.

2. Die Eintragung in das Grundbuch, welche wieder eine Eintragungsbewilligung des Eigenthümers und einen Antrag auf Eintragung, der vom Eigenthümer oder Gläubiger ausgehen kann (§ 13 R.G.B.O.), voraussetzt.

Bei der Eintragung müssen der Gläubiger, der Geldbetrag der Forderung, bei verzinslichen Forderungen der Zinssatz, und endlich der Geldbetrag anderer Nebenleistungen, wenn solche zu entrichten sind, angegeben werden (§ 1115 B.G.B.).

Auch für eine künftige oder bedingte Forderung kann eine Hypothek bestellt werden (§ 1113 Abs. 2 B.G.B.).

II. Zur Aufhebung der Hypothek ist erforderlich (§§ 875, 1183 B.G.B.):

1. Die Erklärung des Gläubigers, daß er sein Recht aufgebe. Sie ist dem Grundbuchamt oder demjenigen gegenüber abzugeben, zu dessen Gunsten sie erfolgt.

2. Die Zustimmung des Eigenthümers, welche dem Grundbuchamt oder dem Gläubiger gegenüber zu erklären ist. Sie ist unwiderruflich.

3. die Löschung im Grundbuche, zu der es wieder eines Antrags Seitens des Eigenthümers oder Gläubigers bedarf.

Eine besondere Art der Tilgung der Hypothek ist die durch Aufgebotsverfahren. Der unbekannte Gläubiger kann im Wege des Aufgebotsverfahrens mit seinem Rechte ausgeschlossen werden:

a) wenn seit der letzten sich auf die Hypothek beziehenden Eintragung im Grundbuche 10 Jahre verstrichen sind und das Recht des Gläubigers nicht inzwischen in einer nach § 208 B.G.B. zur Unterbrechung der Verjährung geeigneten Weise Seitens des Eigenthümers anerkannt worden ist (§ 1170 B.G.B.);

b) wenn der Eigenthümer zur Befriedigung des Gläubigers oder zur Kündigung berechtigt ist und den Betrag der Forderung für den Gläubiger unter Verzicht auf das Recht zur Rücknahme hinterlegt (§ 1171 B.G.B.).

Ueber das Verfahren vgl. §§ 982—987, 1024 der Civilprozeßordnung.

§ 7.

Umfang der Haftung; Gegenstand der Hypothek.

I. Das Grundstück haftet:

1. für die eingetragene Kapitalsumme;
2. für die eingetragenen Zinsen;
3. für andere eingetragene Nebenforderungen.

Ohne Eintragung haftet es (§ 1118 B.G.B.):

1. für die gesetzlichen Zinsen der Forderung;

2. für die Kosten der Kündigung und der die Befriedigung aus dem Grundstücke bezweckenden Rechtsverfolgung.

Eine Erweiterung der Haftung ist insofern zuläßig, als die Hypothek, wenn die Forderung unverzinslich oder der Zinssatz niedriger als 5% ist, ohne Zustimmung der im Range gleich- oder nachstehenden Berechtigten dahin erstreckt werden kann, daß das Grundstück für Zinsen bis zu 5% haftet.

Auch eine Aenderung der Zahlungszeit und des Zahlungsortes bedarf der Zustimmung dieser Berechtigten nicht (§ 1119 B.G.B.).

II. Gegenstand der Belastung ist in erster Linie das Grundstück. Ihm gleich zu achten ist nach § 1017 B.G.B. das Erbbaurecht; auch dies kann daher zum Gegenstande hypothekarischer Belastung gemacht werden. Die Landesgesetzgebung ist befugt, noch weitere verhypothezirbare Rechte zu bestimmen (Art. 63, 68, 196 E.G. z. B.G.B.).

Auch ein Bruchtheil eines Grundstücks kann belastet werden, doch nur, wenn er in dem Antheile eines Miteigenthümers besteht (§ 1114 B.G.B.).

Wird ein Grundstück einem andern zugeschrieben, so erstrecken sich die an diesem bestehenden Grundstückspfandrechte auf das zugeschriebene Grundstück (§ 1131 B.G.B.).

Mit dem Grundstücke haften:

1. Die von dem Grundstücke getrennten Erzeugnisse und sonstigen Bestandtheile, soweit sie nicht gemäß §§ 954—957 B.G.B. mit der Trennung in das Eigenthum eines Anderen als des Eigenthümers oder Eigenbesitzers gelangt sind. Ausgenommen von der Haftung sind hiernach insbesondere die von einem Pächter während der Pachtzeit gezogenen Früchte.

Gemäß § 1121 B.G.B. werden Erzeugnisse und sonstige Bestandtheile von der Haftung frei, wenn sie vor der Besitznahme durch den Gläubiger veräußert und von dem Grundstücke entfernt worden sind. An den Erzeugnissen oder Bestandtheilen, welche innerhalb der Grenzen einer ordentlichen Wirthschaft von dem Grundstücke getrennt worden sind, erlischt auch ohne Veräußerung das Pfandrecht, wenn sie vor der Beschlagnahme (s. unten S. 34) von dem Grundstücke entfernt werden, es sei denn, daß die Entfernung zu einem vorübergehenden Zwecke erfolgt.

2. Das Zubehör des Grundstücks mit Ausnahme der Stücke, welche nicht dem Eigenthümer des Grundstücks gehören. Ebenso wie die Erzeugnisse, wird auch das Zubehör pfandfrei, wenn es vor der Beschlagnahme veräußert und entfernt ist; es tritt auch ohne Veräußerung aus der Pfandhaftung, falls vor der Beschlagnahme die Zubehöreigenschaft innerhalb der Grenzen einer ordnungsmäßigen Wirthschaft aufgehoben wird (§ 1122 Abs. 2 B.G.B.).

Zubehör sind bewegliche Sachen, die, ohne Bestandtheile der Hauptsache zu sein, dem wirthschaftlichen Zwecke der Hauptsache zu dienen bestimmt sind und zu ihr in einem dieser Bestimmung entsprechenden räumlichen Verhältnisse stehen. Eine Sache ist nicht Zubehör, wenn sie im Verkehr nicht als Zubehör angesehen wird (§ 97 B.G.B.). Dem wirthschaftlichen Zwecke der Hauptsache zu dienen bestimmt und daher im Allgemeinen als Zubehör anzusehen sind nach § 98 B.G.B.:

a) Bei einem Gebäude, das für einen gewerblichen Betrieb dauernd eingerichtet ist, insbesondere bei einer Mühle, einer Schmiede, einem Brauhaus, einer Fabrik, die zu dem Betriebe bestimmten Maschinen und sonstigen Geräthschaften;

b) bei einem Landgute, das zum Wirthschaftsbetriebe bestimmte Geräth und Vieh, die landwirthschaftlichen Erzeugnisse, soweit sie zur Fortführung der Wirthschaft bis zu der Zeit erforderlich sind, zu welcher gleiche oder ähnliche Erzeugnisse voraussichtlich gewonnen werden, sowie der vorhandene auf dem Gute gewonnene Dünger.

3. Die nach der Verpfändung fällig werdenden Mieth- und Pachtzinsforderungen. Doch werden dieselben mit Ablauf eines Jahres nach dem Eintritt der Fälligkeit frei, wenn nicht vorher ihre Beschlagnahme zu Gunsten des Hypothekengläubigers erfolgt (§ 1123 Abs. 2 B.G.B.). Vor der Beschlagnahme des Mieth- oder Pachtzinses kann der Vermiether oder Verpächter frei über ihn verfügen, ihn vom Miether einziehen, ihn cediren und verpfänden; doch ist die Verfügung gegenüber dem Hypothekengläubiger unwirksam, soweit sie

sich auf den Mieth- und Pachtzins für eine spätere Zeit als das zur Zeit der Beschlagnahme laufende und das folgende Kalendervierteljahr bezieht (§ 1124 B.G.B.).

4. Ansprüche aus einem Recht auf wiederkehrende Leistungen, welches mit dem Eigenthum an dem Grundstück verbunden ist. Hierfür gilt im Allgemeinen dasselbe, wie für die Mieth- und Pachtzinsforderungen (§ 1126 B.G.B.).

5. Der Anspruch auf Versicherungsgelder für Gegenstände, welche der Hypothek unterliegen, sofern sie für den Eigenthümer oder den Eigenbesitzer des Grundstücks versichert sind. Die Haftung des Anspruchs auf die Versicherungsgelder erlischt, wenn der versicherte Gegenstand wieder hergestellt oder Ersatz für ihn beschafft ist (§ 1127 B.G.B.). Insbesondere ist für die Gebäudeversicherung bestimmt, daß der Versicherer die Versicherungssumme erst dann mit Wirkung gegen den Hypothekengläubiger an den Versicherten zahlen kann, wenn er dem Hypothekengläubiger den Eintritt des Schadens angezeigt hat und seit dem Empfange der Anzeige ein Monat verstrichen ist, ohne daß der Gläubiger widersprochen hat. Ist die Anzeige aus irgend einem Grunde unthunlich, so kann sie unterbleiben; der Monat wird in diesem Falle vom Zeitpunkte der Fälligkeit der Versicherungssumme an berechnet (§ 1128 B.G.B.). Ist ein anderer Gegenstand als ein Gebäude versichert, so gelten im Allgemeinen die gleichen Bestimmungen, wie für die Mieth- und Pachtzinsforderungen. Es kann hiernach vor der Beschlagnahme der Versicherungsforderung der Versicherte diese mit Wirkung gegen den Gläubiger einziehen, abtreten, verpfänden; die Forderung wird mit Ablauf eines Jahres seit Fälligkeit frei, wenn nicht vorher die Beschlagnahme zu Gunsten des Hypothekengläubigers erfolgt ist (§ 1129 B.G.B.).

§ 8.

Die Uebertragung der Hypothek; Verpfändung oder Cession von Hypothekenforderungen?

Die Bestimmungen des B.G.B. über die Uebertragung der Hypothek finden ihren Grund in der accessorischen Natur dieses Rechtsgebildes. Die Hypothek geht mit Uebertragung der Forderung auf den neuen Gläubiger über; die Forderung kann nicht ohne die Hypothek, die Hypothek kann nicht ohne die Forderung übertragen werden (§ 1153). Für die Abtretung der Forderung sind die Erfordernisse verschieden, je nachdem es sich um eine Briefhypothek oder eine Buchhypothek handelt.

1. Bei der Briefhypothek ist zur Abtretung der Forderung nöthig:

a) Ertheilung der Abtretungserklärung in schriftlicher Form;

b) Uebergabe des Hypothekenbriefes.

Daß die Abtretungserklärung öffentlich beglaubigt sei, verlangt das Gesetz zum Uebergange der Forderung und der Hypothek nicht. Allein das Recht des nur durch schriftliche Abtretungserklärung legitimirten Cessionars ist lückenhaft und unvollständig. Denn nach § 1160 kann der Geltendmachung der Briefhypothek widersprochen werden, wenn der Gläubiger nicht den Brief, sowie eine sein Gläubigerrecht darthuende, zusammenhängende, auf einen eingetragenen Gläubiger zurückführende Reihe von öffentlich beglaubigten Abtretungserklärungen vorlegt. Ebenso ist eine dem Eigenthümer gegenüber erfolgte Kündigung oder Mahnung unwirksam, wenn der Gläubiger die bezeichneten Urkunden nicht vorlegt und der Eigenthümer die Kündigung oder Mahnung aus diesem Grunde unverzüglich zurückweist. Auch nur die öffentlich beglaubigte Abtretungserklärung hat zu Gunsten des Besitzers des Hypothekenbriefs öffentlichen Glauben (§ 1155). Das volle Verfügungsrecht über Forderung und Hypothek wird somit nur durch öffentlich beglaubigte Abtretungserklärung erlangt, wenn auch die Rechtswirkung des Ueberganges schon durch Schriftform eintritt. Konsequent giebt daher § 1154 Abs. 1 Satz 2 B.G.B. dem neuen Gläubiger das Recht, vom bisherigen Gläubiger die öffentliche Beglaubigung der Abtretungserklärung auf dessen Kosten zu verlangen. Einer öffentlich beglaubigten Abtretungserklärung steht ein gerichtlicher Ueberweisungsbeschluß, ebenso das öffentlich beglaubigte Anerkenntniß einer kraft Gesetzes erfolgten Uebertragung der Forderung gleich (§ 1155).

Die schriftliche Form der Abtretungserklärung kann durch Eintragung der Abtretung im Grundbuche ersetzt werden (§ 1154 Abs. 2). Die Eintragung hat, wie sich aus § 1160 ergiebt, dieselben Wirkungen wie eine öffentlich beglaubigte Abtretungserklärung, vermag also auch diese zu ersetzen. Zur Eintragung der Abtretung im Grundbuche ist erforderlich entweder die Eintragungsbewilligung des bisherigen Gläubigers (§ 19 Reichs-Grundbuchordnung) oder die Abtretungserklärung desselben (§ 26 G.B.O.); beide sollen vor dem Grundbuchamte zu Protokoll gegeben oder durch öffentliche oder öffentlich beglaubigte Urkunden nachgewiesen sein (§ 29 G.B.O.). In jedem Falle bedarf es auch der Vorlegung des Hypothekenbriefes (G.B.O. § 42), auf welchem die Eintragung von dem Grundbuchamte zu vermerken ist (G.B.O. § 62).

2. Bei der Buchhypothek erfolgt die Abtretung gemäß § 873 B.G.B. durch Einigung der Betheiligten und Eintragung der Abtretung im Grundbuche (§ 1154 Abs. 3 B.G.B.). Die nach § 19 G.B.O. erforderte Eintragungsbewilligung desjenigen, dessen Recht betroffen wird, also insbesondere des eingetragenen Gläubigers, muß auch hier, entweder vor dem Grundbuchamte zu Protokoll gegeben oder durch öffentliche oder öffentlich beglaubigte Urkunden nachgewiesen werden (§ 29 G.B.O.).

Für alle in den Geltungsbereich des neuen Rechts fallenden Uebertragungen von Hypotheken ist nach den oben gemachten Ausführungen die öffentliche, also gerichtliche oder notarielle Beglaubigung nothwendig, damit der Cessionar das volle Gläubigerrecht erlangt. Diese von vornherein vorzunehmen, ist dann rathsam, wenn die Cession nicht als vorübergehende Sicherung, sondern als dauernde Unterlage für den gesammten Geschäftsverkehr zu betrachten ist, und insbesondere dann, wenn entfernt liegende Grundstücke verhypothezirt sind, deren fortgesetzte Uebersehung eine schwierige ist. Im letzteren Falle dürfte sich empfehlen, nicht nur die Beglaubigung der Unterschrift zu verlangen, sondern auch die Eintragung in das Grundbuch zu bewirken. Handelt es sich dagegen um eine Verpfändung auf kurze Zeit, bei der Schwierigkeiten irgend welcher Art nicht zu befürchten sind, so wird der Vorstand mit sich zu Rathe gehen können, ob nicht in diesem Falle die Kosten der Beglaubigung bezw. Eintragung zu sparen sind.

Die Verpfändung einer Hypothekenforderung vollzieht sich in den gleichen Formen wie die Uebertragung, wie denn überhaupt die

Bestellung des Pfandrechtes an einem Rechte nach den für die Uebertragung eines Rechtes geltenden Vorschriften erfolgt (§ 1274 B.G.B.).

Im Anschluß hieran sei es gestattet, die in der Praxis der Vorschuß-Vereine brennende Frage, ob die Verpfändung einer Hypothekenforderung der Cession vorzuziehen sei oder umgekehrt, einer kurzen Erörterung zu unterziehen. Trotz mannigfacher Bedenken scheint noch immer in weiten Kreisen die Form der Cession für zweckmäßiger gehalten zu werden, ohne daß ein Grund dafür erfindlich ist. Eine Cession ohne irgend welche Erwähnung des Zwecks oder Anlasses würde die üble und nicht beabsichtigte Folge haben, daß angenommen werden muß, der Gläubiger sei durch die Cession in Höhe seiner Forderung als für diese befriedigt anzusehen.[1])

Eine Cession auf der anderen Seite, in der ausdrücklich bemerkt ist, daß sie nur „zur Sicherheit" erfolgte, ist eine juristische Mißgestalt. Cession ist die Uebertragung einer Forderung auf einen Andern zu Eigenthum, zu völlig freier Verfügung darüber; fügt man diesem Rechtsakt die Klausel „zur Sicherheit" bei, so zerstört man den Grundcharakter des Rechtsgeschäftes, man nimmt dem Cessionar die Befugniß der ungehinderten Verfügung, man gewährt sie ihm nur unter bestimmten Voraussetzungen und in beschränktem Umfange. Solche beschränkten Befugnisse zu übertragen ist eben die ureigenste Domäne des Pfandrechts. Wer einem Andern seine Sache, seine Forderung verpfändet, der giebt von seinem Eigenthumsrechte nur einen kleinen Theil auf, indem er dem Andern die Verkaufsbefugniß einräumt für den Fall, daß er ihn nicht rechtzeitig befriedigt; wer einem Andern seine Sache verkauft, seine Forderung cedirt, der räumt ihm das Eigenthum an der Sache oder der Forderung unbegrenzt und mit allen seinen Wirkungen ein.

Man würde es nicht für falsch halten können, die Cession einer Hypothekenforderung „zur Sicherheit" einfach als Verpfändung anzusehen und zu behandeln, umsomehr, als nach dem B.G.B. (§ 1274) die Formen der Abtretung und der Verpfändung einer Hypothek die gleichen sind. Denn ohne Zweifel ist der von den Parteien beabsichtigte rechtliche und wirthschaftliche Erfolg einer Cession „zur Sicherheit" genau der für die Verpfändung charakteristische.

[1]) Vgl. Blätter für Genossenschaftswesen 1898 S. 482.

Wenn man annehmen dürfte, daß die Gerichte diesen Standpunkt theilten, so würde es praktisch gleichgültig sein, ob man eine Hypothekenforderung sich verpfänden oder „zur Sicherheit" cediren läßt: rechtlich würde das Geschäft dann eben stets als Verpfändung behandelt. Aber daß diese Annahme fehlgeht, zeigt ein der gerichtlichen Praxis entnommener Fall;[1]) sowohl das Landgericht als das Oberlandesgericht haben scharf zwischen Verpfändung und Sicherheitscession unterschieden. Man wird sich also damit abfinden müssen, daß dieser Unterschied auch fernerhin theilweise gemacht wird. Dabei läuft also die sogenannte Sicherheitscession Gefahr, höchst verschiedenartig behandelt zu werden. Während der eine Richter erklärt: „Ich fasse sie als Verpfändung auf", sagt der andere: „Sie ist eine Cession, die aber nur in Wirksamkeit tritt, wenn der Schuldner nicht zeitig zahlt" und der dritte führt aus: „Eine Cession liegt ohne Zweifel vor; Cession ist die völlige Uebertragung eines Forderungsrechts; mit diesem Begriff ist unvereinbar die Beschränkung auf bestimmte Fälle; ich sehe daher die Worte „zur Sicherheit" als ungültig und nicht vorhanden an und betrachte die ursprüngliche Forderung als durch die Cessionsvaluta getilgt und untergegangen." Allen diesen Kombinationen kann man eine gewisse Berechtigung nicht absprechen; auf alle muß man jedenfalls gefaßt sein, wenn es zu gerichtlicher Entscheidung kommt.

Dagegen schafft die Verpfändung einfache, klare Verhältnisse. Das Ziel, das erreicht werden soll, ist in ihrer Natur begründet, während die Cession ihrem Wesen nach ganz andern Zwecken dient, als zu denen sie in dem besprochenen Falle mißbraucht wird.

§ 9.

Die Rechte des Gläubigers aus der Hypothek.

Es mag zunächst in negativer Beziehung festgestellt werden, daß durch die Hypothek unter keinen Umständen das Recht des Eigenthümers zur Veräußerung, Belastung, Parzellirung seines Grundstücks beschränkt wird, ihm bleibt vielmehr die volle Verfügungsfähigkeit über dasselbe. Das B.G.B geht sogar — theilweise über das bis-

[1]) Blätter für Genossenschaftswesen 1899 S. 393.

herige Recht hinaus — soweit, Verträge zwischen Eigenthümer und Gläubiger, durch welche der Erstere sich verpflichtet, das Grundstück nicht zu veräußern oder nicht weiter zu belasten, für nichtig zu erklären (§ 1136). Ferner gewährt die Hypothek an sich dem Gläubiger kein Recht auf Besitz und Nutzungen des Grundstücks; doch steht nichts im Wege, neben der Hypothek dem Gläubiger den Nießbrauch an dem Grundstücke zu bestellen, bis die Forderung getilgt ist.

Bezüglich der positiven Rechte des Gläubigers aus der Hypothek ist zwischen der Zeit vor Fälligkeit und der Zeit nach Fälligkeit der versicherten Forderung zu unterscheiden.

1. Vor Fälligkeit der Forderung.

a) Ist eine Verschlechterung des Grundstücks bereits eingetreten und in Folge dessen die Sicherheit der Hypothek gefährdet, so kann der Gläubiger dem Eigenthümer eine angemessene Frist zur Beseitigung der Gefährdung bestimmen. Nach fruchtlosem Ablaufe der Frist ist er berechtigt, sofort Befriedigung aus dem Grundstücke zu suchen. Er kann also in diesem Falle, ohne die Fälligkeit der Forderung abwarten zu müssen, alsbald die hypothekarische Klage anstellen. Gleichgültig ist es hierbei, ob die Verschlechterung des Grundstücks mit oder ohne Verschuldung des Eigenthümers entstanden ist; ein Brandunglück, eine Ueberschwemmung würden also ebenfalls den Anspruch begründen.

b) Ist eine Verschlechterung des Grundstücks, welche die Sicherheit der Hypothek gefährdet, in Folge einer Einwirkung des Eigenthümers oder eines Dritten auf dasselbe erst zu befürchten, so kann der Gläubiger auf Unterlassung der Einwirkung klagen. Geht die Einwirkung vom Eigenthümer aus, so ist der Gläubiger auch befugt, beim Gericht den Erlaß einer einstweiligen Verfügung gemäß §§ 935 ff. der Civilprozeßordnung zur Abwendung der gefährdenden Einwirkung zu beantragen.

Einer Verschlechterung des Grundstückes steht in beiden Fällen die Verschlechterung von Zubehörstücken oder deren nicht im ordnungsmäßigen Wirthschaftsbetriebe erfolgende Entfernung von dem Grundstücke gleich (§ 1135).

2. Nach Fälligkeit der Forderung kann der Gläubiger die ordentliche Hypothekarklage anstellen, welche bezweckt, die Zwangs-

vollstreckung in das Grundstück zu ermöglichen. Klageberechtigt ist im Allgemeinen der eingetragene Gläubiger und sein Rechtsnachfolger. Auch hier findet sich ein Unterschied zwischen der Buch- und der Briefhypothek:

a) Bei der Buchhypothek ist die Eintragung des Gläubigers im Grundbuche erforderlich und ausreichend.

b) Bei der Briefhypothek genügt auf der einen Seite die Eintragung allein nicht, es ist noch weiter die Aushändigung des Hypothekenbriefes erforderlich, auf die Nichtvorlegung desselben kann der beklagte Eigenthümer eine Einrede stützen (§ 1160). Andererseits kann aus einer Briefhypothek aber auch ein nicht Eingetragener klagen, falls er sich nur durch eine auf den eingetragenen Gläubiger zurückführende Reihe von öffentlich beglaubigten Abtretungserklärungen legitimirt.

Die Klage richtet sich gegen den eingetragenen Eigenthümer des verpfändeten Grundstückes oder dessen Erben.

Ihr Zweck ist, wie bereits betont, die Ermöglichung der Zwangsvollstreckung in das Grundstück. Wie der Klagantrag zu lauten habe, ist sehr bestritten. Auf der einen Seite wird folgende Fassung vorgeschlagen:

„Den Beklagten zu verurtheilen, wegen der eingetragenen Summe die Zwangsvollstreckung in das Grundstück zu dulden", andere ziehen vor, den Antrag zu formuliren:

„festzustellen, daß die hypothekarischen Ansprüche des Klägers in das Grundstück vollstreckbar sind."

Der letzteren Fassung wird der Vorzug zu geben sein, wenn man bedenkt, daß aus der Hypothek eine Verpflichtung, die Zwangsvollstreckung zu dulden, nicht entspringt. Zu beachten ist aber, daß die Klage mit dem zuletzt formulirten Antrage eine besonders geartete, gesetzliche Feststellungsklage, nicht etwa eine Feststellungsklage aus § 256 (früher 231) C.P.O. ist. Ein besonderer Nachweis des rechtlichen Interesses an alsbaldiger Feststellung braucht nicht erbracht zu werden.

Bezüglich der Einreden des Beklagten ist zu unterscheiden, ob der ursprüngliche Gläubiger oder sein Erbe, oder ob ein Sondernachfolger desselben klagt. Dem ursprünglichen Gläubiger oder seinem

Erben stehen alle Einreden, sowohl die gegen das Pfandrecht, als die gegen die versicherte Forderung gerichteten, entgegen. Auch kann der Beklagte, wenn er nicht der persönliche Schuldner ist, dem ursprünglichen Gläubiger und dessen Erben gegenüber sich darauf berufen, daß der persönliche Schuldner noch zur Anfechtung der Schuld befugt sei, sowie daß derselbe sich durch Aufrechnung gegen eine fällige Schuld des Gläubigers befriedigen könne (§ 1137). Dem Sondernachfolger des ursprünglichen Gläubigers dagegen — also etwa dem Cessionar — können nur die Einwendungen aus der Person seines Rechtsvorgängers entgegengesetzt werden, welche ihm entweder bekannt sind, oder aus dem Grundbuche oder dem eventuellen Hypothekenbriefe hervorgehen (§ 1157).

§ 10.

Die Hypothek in der Zwangsvollstreckung.

Die Befriedigung des Gläubigers aus dem Grundstück und den Gegenständen, auf die sich die Hypothek erstreckt, erfolgt im Wege der Zwangsvollstreckung (§ 1147 B.G.B.). Die Mittel, die das Gesetz zur Verwirklichung des Grundstückspfandrechtes giebt, sind die Zwangsversteigerung und die Zwangsverwaltung des Grundstückes. Das Verfahren ist geregelt im Reichsgesetz vom 24. März 1897.

I. Allgemeine Vorschriften.

Vollstreckungsgericht ist das Amtsgericht, in dessen Bezirk das Grundstück belegen ist (§ 1)[1]. Die Zwangsvollstreckung in Grundstücke — Versteigerung wie Verwaltung — wird zwar nur auf Antrag eröffnet, allein das einmal eröffnete Verfahren ist Offizialbetrieb; insbesondere erfolgen die Zustellungen von Amtswegen (§§ 3—8). Als Betheiligte gelten bei dem Verfahren (§ 9):

a) Der Gläubiger, d. i. der betreibende Gläubiger, der den Antrag auf Vollstreckung gestellt hat.

b) Der Schuldner, d. i. derjenige, gegen den der Antrag auf Zwangsvollstreckung in das Grundstück gerichtet ist, nicht der etwa von diesem verschiedene persönliche Schuldner.

---

[1]) Die Paragraphenzahlen ohne nähere Bezeichnung beziehen sich auf das Reichsgesetz über die Zwangsversteigerung und die Zwangsverwaltung vom 24. März 1897.

c) Diejenigen, für welche zur Zeit der Eintragung des Vollstreckungsvermerkes (§ 19) ein Recht im Grundbuche eingetragen oder durch Eintragung gesichert ist.

d) Diejenigen, welche ein der Zwangsvollstreckung entgegenstehendes Recht oder ein Recht an dem Grundstücke haben, insbesondere auch der besitzende Miether und Pächter.

Ein Recht auf Befriedigung aus dem Grundstücke gewähren in folgender Rangordnung (§ 10):

1. der Anspruch eines die Zwangsverwaltung betreibenden Gläubigers auf Ersatz seiner Ausgaben zur Erhaltung oder nöthigen Verbesserung des Grundstücks, im Falle der Zwangsversteigerung jedoch nur, wenn die Verwaltung bis zum Zuschlage fortdauert und die Ausgaben nicht aus den Nutzungen des Grundstücks erstattet werden können;

2. bei einem land- oder forstwirthschaftlichen Grundstücke die Ansprüche der zur Bewirthschaftung des Grundstücks oder zum Betrieb eines mit dem Grundstücke verbundenen land- oder forstwirthschaftlichen Nebengewerbes angenommenen, in einem Dienst- oder Arbeitsverhältnisse stehenden Personen, insbesondere des Gesindes, der Wirthschafts- und Forstbeamten, auf Lohn, Kostgeld und andere Bezüge wegen der laufenden und der aus dem letzten Jahre rückständigen Beträge;

3. die laufenden und die zwei Jahre rückständigen öffentlichen Lasten;

4. die Ansprüche aus eingetragenen dinglichen Rechten jeder Art, bei wiederkehrenden Leistungen jedoch nur die laufenden und die zwei Jahre rückständigen Beträge; hierher gehören insbesondere die Hypotheken, Grundschulden und Rentenschulden;

5. der Anspruch des betreibenden persönlichen Gläubigers, soweit er nicht in einer der vorhergehenden Klassen zu befriedigen ist;

6. die Ansprüche der vierten Klasse, soweit sie in Folge der Beschlagnahme (§ 20) dem Gläubiger gegenüber unwirksam sind; hierher gehören diejenigen dinglichen Ansprüche, welche nach der Beschlagnahme des Grundstücks begründet werden;

7. die Ansprüche der dritten Klasse wegen der älteren als zweijährigen Rückstände;

8. die Ansprüche der vierten Klasse wegen älterer Rückstände.

In allen Klassen kommen neben dem Hauptanspruche die Kosten der Kündigung und der die Befriedigung aus dem Grundstücke bezweckenden Rechtsverfolgung in Ansatz.

Was die Rechtsmittel betrifft, so sind die Entscheidungen über die Anordung, Aufhebung, einstweilige Einstellung oder Fortsetzung des Verfahrens mit der sofortigen, innerhalb zwei Wochen einzulegenden Beschwerde (§ 793 C.P.O.) anfechtbar. Die übrigen vor Beschlußfassung über den Zuschlag erfolgenden Entscheidungen können nicht selbständig, sondern nur mit der Entscheidung über den Zuschlag angefochten werden (§ 95). Gegen die letztere ist ebenfalls die sofortige Beschwerde der Civilprozeßordnung mit einigen Modifikationen (§§ 97—104) gegeben (§ 96). Gegen die Entscheidung des Beschwerdegerichts ist weitere Beschwerde zulässig (vgl. § 102).

Wichtig ist die Frage: Wie verhält sich die Zwangsvollstreckung in Grundstücke zum Konkurse über das Vermögen des Realschuldners? Hierüber giebt Aufschluß § 47 der Konkursordnung: Die Realgläubiger nehmen als solche am Konkurse nicht theil, ihre Befriedigung erfolgt abgesondert aus den der Zwangsvollstreckung in das unbewegliche Vermögen unterliegenden Gegenständen. Doch hat der Konkurs des Realschuldners immerhin die Folge, daß der Konkursverwalter seinerseits zur Stellung des Antrages auf Zwangsversteigerung und Zwangsverwaltung befugt wird (§ 126 Konk.-Ord.).

II. Die Zwangsversteigerung.

Ihre Grundlage bildet ein gegen den Eigenthümer des Grundstücks gerichteter vollstreckbarer Schuldtitel. Eine Ausfertigung desselben sowohl, als die Beurkundung der Zustellung an den Schuldner sind dem Versteigerungsantrage beizufügen (§ 16 Abs. 2). Die Anordnung der Zwangsversteigerung setzt voraus, daß der Schuldner als Eigenthümer des Grundstücks eingetragen oder daß er Erbe des eingetragenen Eigenthümers ist (§ 17). Ordnet das Gericht — durch Beschluß — die Zwangsversteigerung an, so ist zugleich das Grundbuchamt um Eintragung dieser Anordnung — des Versteigerungsvermerkes — in das Grundbuch zu ersuchen (§ 19). Der Beschluß gilt zu Gunsten des Gläubigers als Beschlagnahme des Grundstücks mit der Wirkung eines Veräußerungsverbotes (§ 23). Die Beschlagnahme umfaßt auch diejenigen Gegenstände, auf welche sich bei einem Grundstücke die Hypothek mit erstreckt, jedoch mit gewissen Ausnahmen (§ 21), insbesondere mit Ausnahme der Mieth- und Pachtzinsforderungen. Die Verwaltung und Benutzung des Grundstücks verbleibt dem Schuldner nur innerhalb der Grenzen einer ordnungsmäßigen Wirthschaft (§ 24). Wird nach der Anordnung der Zwangsversteigerung ein weiterer Antrag auf Zwangsversteigerung gestellt, so erfolgt statt eines neuen Versteigerungsbeschlusses die Anordnung, daß der Beitritt des Antragstellers zu dem Verfahren zugelassen wird. Der zum Beitritt Zugelassene hat dieselben Rechte, als wenn auf seinen Antrag das Verfahren eröffnet worden wäre.

Aufzuheben ist das Verfahren einmal, wenn der betreibende Gläubiger den Versteigerungsantrag zurücknimmt (§ 29), und ferner ohne Antrag, wenn dem Gerichte ein aus dem Grundbuche ersichtliches, der Fortsetzung des Verfahrens entgegenstehendes Recht bekannt wird (§ 28). Auch eine einstweilige Einstellung des Verfahrens ist — jedoch nur einmal — bei Bewilligung des Gläubigers anzuordnen (§§ 30 ff.).

Die Versteigerung wird durch das Vollstreckungsgericht ausgeführt (§ 35); dasselbe trifft zunächst die Terminsbestimmung, deren öffentliche Bekanntmachung (§ 39) vorgeschrieben ist und die eine Reihe wesentlicher Erfordernisse (§ 37) enthalten muß, insbesondere die Aufforderung, Rechte an dem Grundstücke anzumelden, sowie andererseits der Versteigerung entgegenstehende Rechte geltend zu machen.

Bei der Versteigerung wird nur ein Gebot zugelassen, durch welches die den betreibenden Gläubigern vorgehenden Ansprüche und die allgemeinen Kosten des Verfahrens gedeckt werden — das sog. „geringste Gebot" (§ 44). Bei der Feststellung des geringsten Gebotes sind ohne Anmeldung zu berücksichtigen Rechte, welche sich aus dem Grundbuche ergeben; im Uebrigen sind nur solche Ansprüche aufzunehmen, welche rechtzeitig angemeldet und, falls ein betreibender Gläubiger widerspricht, glaubhaft gemacht werden (§ 45).

Bezüglich der **Versteigerungsbedingungen**, zu welchen in erster Linie das geringste Gebot gehört, findet sich in § 59 die Bestimmung, daß jeder Betheiligte eine von den gesetzlichen Vorschriften (§§ 44—58) abweichende Feststellung derselben verlangen kann; wird durch die Abweichung das Recht eines anderen Betheiligten beeinträchtigt, so ist dessen Zustimmung erforderlich.

Die **Feststellung von Zahlungsfristen** als Versteigerungsbedingung kann von jedem Betheiligten für den das geringste Gebot übersteigenden Betrag des Meistgebotes verlangt werden, ohne daß es der Zustimmung eines anderen Betheiligten bedarf (§ 60). Indessen kann jeder Betheiligte, dessen Interesse durch die Bewilligung von Zahlungsfristen beeinträchtigt werden würde — also insbesondere der betreibende Gläubiger und die gleich- und nachstehenden Berechtigten, deren Interesse Baarzahlung erheischt —, verlangen, daß das Grundstück **mit und ohne** Zahlungsfristen ausgeboten werde. Der Zuschlag **mit** Zahlungsfristen ist alsdann nur unter bestimmten Voraussetzungen (§ 61) zu ertheilen. Das Gericht kann auf Antrag anordnen, daß **mithaftende Gegenstände** von der Versteigerung des Grundstücks ausgeschlossen und selbständig versteigert oder anderweit verwerthet werden sollen (§ 65). Besondere Vorschriften (§§ 63, 64) treffen den Fall, daß mehrere mit **Gesammthypotheken** belastete Grundstücke in demselben Verfahren begriffen sind. Ganz allgemein kann endlich das Gericht schon vor dem Versteigerungstermin Erörterungen der Betheiligten über das geringste Gebot und die Versteigerungsbedingungen veranlassen, zu diesem Zwecke auch einen besonderen Termin bestimmten (§ 62).

Das Verfahren erreicht seinen Höhepunkt im **Versteigerungstermin**. Persönliche Anwesenheit oder Vertretung in demselben ist bei seiner Wichtigkeit dringend anzurathen. Zunächst werden nach Aufruf der Sache die das Grundstück betreffenden Nachweisungen, die betreibenden Gläubiger und ihre Ansprüche, die Zeit der Beschlagnahme und die erfolgten Anmeldungen bekannt gemacht und darauf zur Feststellung des geringsten Gebotes und der übrigen Versteigerungsbedingungen geschritten. Sodann hat das Gericht zur Abgabe von

Geboten aufzufordern (§ 66). Zwischen diesem Zeitpunkte und dem Schluß der Versteigerung muß mindestens eine Stunde liegen. Die Versteigerung muß so lange fortgesetzt werden, bis trotz Aufforderung ein Gebot nicht mehr abgegeben wird. Das Gericht hat das letzte Gebot — mittels dreimaligen Aufrufs — und den Schluß der Versteigerung zu verkünden (§ 73). Mitbieten darf sowohl der betreibende Gläubiger, als der Schuldner; ausgeschlossen sind nur der mit der Vornahme oder Leitung der Versteigerung Beauftragte und seine Gehilfen (§ 456 B.G.B.). Jeder Betheiligte, dessen Recht durch Nichterfüllung des Gebots beeinträchtigt würde — hierhin gehören also nicht Gläubiger, deren Ansprüche in das geringste Gebot fallen — kann Sicherheitsleistung verlangen, jedoch nur sofort nach Abgabe des Gebots. Besondere Bestimmungen über Ausnahmen hiervon, sowie über Art und Höhe der Sicherheitsleistung treffen die §§ 67 bis 69; hier möge der Hinweis darauf genügen, daß ein Bieter, dem eine durch sein Gebot ganz oder theilweise gedeckte Hypothek, Grundschuld oder Rentenschuld zusteht, Sicherheit nur auf Verlangen des betreibenden Gläubigers zu leisten braucht, daß im Allgemeinen die Sicherheit für ein Zehntel des Baargebots, mindestens aber in Höhe der aus dem Erlöse zu deckenden Kosten, und daß sie durch Hinterlegung von Geld oder inländischen Werthpapieren zu leisten ist. Das Gericht hat über die Sicherheitsleistung sofort zu entscheiden (§ 70). Unwirksame Gebote — wenn z. B. der Bieter geschäftsunfähig oder beschränkt geschäftsfähig ist, wenn die erforderliche Zustimmung eines Anderen oder einer Behörde fehlt — sind zurückzuweisen (§ 71). Ein Gebot erlischt, wenn es zurückgewiesen wird, ohne daß der Bieter oder ein Betheiligter widerspricht, ferner wenn ein Uebergebot abgegeben, wenn das Verfahren eingestellt, wenn der Termin aufgehoben wird (§ 72). Wird ein wirksames Gebot nicht abgegeben, so ist das Verfahren einzustellen; verläuft ein zweiter Termin ebenfalls ergebnißlos, so wird das Verfahren aufgehoben (§ 77). Nach dem Schlusse der regelmäßig verlaufenen Versteigerung sind die anwesenden Betheiligten über den Zuschlag zu hören (§ 74).

Die Entscheidung über den Zuschlag erfolgt durch Gerichtsbeschluß auf Grund des Versteigerungsprotokolles (§§ 79, 80). Der Zuschlag ist dem Meistbietenden oder dem, welchem der

Meistbietende das Recht aus dem Meistgebot durch Erklärung im Versteigerungstermin selbst oder nachträglich durch öffentlich beglaubigte Urkunde abgetreten hat, zu ertheilen (§ 81). Er ist zu versagen aus mannigfachen Gründen (§ 83 Nr. 1—7); insbesondere wenn Vorschriften des bürgerlichen Rechtes entgegenstehen und wenn das Verfahren regelnde Bestimmungen verletzt sind. Auch ist jeder Betheiligte, dessen Recht durch den Zuschlag beeinträchtigt werden würde, befugt, vor dem Schlusse der Verhandlung über den Zuschlag die Bestimmung eines neuen Versteigerungstermins zu beantragen, falls er sich zum Ersatze der entstehenden Mehrkosten verpflichtet und auf Verlangen eines andern Betheiligten Sicherheit leistet; der Zuschlag ist alsdann ebenfalls zu versagen (§ 85). Der Beschluß, durch welchen der Zuschlag ertheilt oder versagt wird, ist im Versteigerungstermin oder in einem sofort und nicht über eine Woche hinaus anzusetzenden Termine zu verkünden und überdies den nicht erschienenen Betheiligten zuzustellen. Gegen den Beschluß über den Zuschlag ist als Rechtsmittel, wie bereits oben bemerkt, die sofortige Beschwerde gegeben (§§ 95, 96). Sie steht im Falle der Ertheilung des Zuschlages jedem Betheiligten, sowie dem Ersteher zu, im Falle der Versagung dem betreibenden Gläubiger, in beiden Fällen auch dem Bieter und eventuell dessen Cessionar (§ 97). Die Beschwerde kann an sich gerichtet werden gegen sämmtliche Betheiligte; § 99 bestimmt in dieser Beziehung: „Erachtet das Beschwerdegericht eine Gegenerklärung für erforderlich, so hat es zu bestimmen, wer als Gegner des Beschwerdeführers zuzuziehen ist.“

Die Rechtswirkung des Zuschlags äußert sich dahin, daß durch ihn der Ersteher Eigenthümer des Grundstücks, sowie der Gegenstände wird, auf welche sich die Versteigerung miterstreckt hat (§ 90). Er kann ohne Weiteres aus dem Zuschlagsbeschlusse gegen den Besitzer des Grundstücks die Zwangsvollstreckung auf Räumung und Herausgabe betreiben (§ 93). Mit dem Zuschlag gehen die Gefahr, die Nutzungen und Lasten auf den Ersteher über (§ 56). Fremde Rechte an dem Grundstücke, welche nicht nach den Versteigerungsbedingungen bestehen bleiben sollen, erlöschen mit dem Zuschlag (§ 91); doch tritt unter Umständen an ihre Stelle ein Anspruch auf Ersatz des Werthes aus dem Versteigerungserlöse (§ 92).

Die Vertheilung des Versteigerungserlöses erfolgt regelmäßig durch das Gericht. Doch können sich die Betheiligten außergerichtlich über die Vertheilung einigen (§§ 143—145); diese Einigung ist dem Gerichte durch öffentliche oder öffentlich beglaubigte Urkunden nachzuweisen.

Im Regelfall hat das Gericht nach Ertheilung des Zuschlags einen Vertheilungstermin zu bestimmen. Die Terminsbestimmung ist den Betheiligten zuzustellen; sie soll auch an die Gerichtstafel angeheftet werden (§ 105). Zur Vorbereitung des Vertheilungsverfahrens kann das Gericht in der Terminsbestimmung die Betheiligten zur Einreichung einer Berechnung ihrer Ansprüche binnen zwei Wochen auffordern; der hiernach angefertigte Theilungsplan ist spätestens drei Tage vor dem Termin auf der Gerichtsschreiberei zur Einsicht der Betheiligten auszulegen (§ 106). Im Vertheilungstermin ist zunächst festzustellen, wieviel die zu vertheilende Masse beträgt (§ 107); die allgemeinen Kosten des Verfahrens werden vorweggenommen und der Ueberschuß vertheilt (§ 109). Zu diesem Zwecke ist wenn er noch nicht vor dem Termin angefertigt war (§ 106), ein Theilungsplan aufzustellen (§ 113), über welchen sofort verhandelt wird (§ 115). Soweit der Versteigerungserlös in Geld vorhanden ist, wird der Theilungsplan durch Zahlung an die Berechtigten ausgeführt (§ 117). Soweit dies nicht der Fall ist, also die baar zu zahlenden Gelder im Termin nicht berichtigt sind, ist die Forderung gegen den Ersteher auf die Berechtigten durch Anordnung des Gerichts zu übertragen (§ 118) und für diese Forderung eine Sicherungshypothek an dem Grundstücke einzutragen (§ 128). Ist der Theilungsplan ausgeführt und der Zuschlag rechtskräftig, so hat das Vollstreckungsgericht das Grundbuchamt um entsprechende Berichtigung des Grundbuches zu ersuchen (§ 130).

III. Die Zwangsverwaltung.

Während die Zwangsversteigerung die Substanz des Grundstücks ergreift, macht sich die Zwangsverwaltung die Früchte desselben dienstbar. Auf die Anordnung der Zwangsverwaltung finden im Allgemeinen die Vorschriften über die Zwangsversteigerung Anwendung. Abweichungen statuiren die §§ 147 bis 151. Hiernach findet insbesondere die Zwangsverwaltung wegen des Anspruchs aus einem eingetragenen Rechte nicht bloß gegenüber dem Eigenthümer, sondern auch gegenüber dem Eigenbesitzer (§ 872 B.G.B.) statt. Ferner umfaßt die Beschlagnahme bei der Zwangsverwaltung auch Erzeugnisse, sowie Mieths- und Pachtzinsforderungen, die bei der Zwangsversteigerung von der Beschlagnahme ausgenommen sind. Durch die Beschlagnahme wird dem Schuldner die Verwaltung und Benutzung des Grundstücks entzogen (§ 148 Abs. 2); doch sind ihm, falls er auf dem Grundstück wohnte, die für seinen Hausstand unentbehrlichen Räume zu belassen (§ 149). Wirksam wird die Beschlagnahme wie bei der Zwangsversteigerung, weiter aber auch dadurch, daß der Verwalter den Besitz des Grundstücks erlangt (§ 151). Der Verwalter wird vom Gericht bestellt und erforderlichenfalls in Besitz des Grundstücks gesetzt (§ 150). Der Verwalter hat das Recht und die Pflicht, alle Handlungen vorzunehmen, die erforderlich sind, um das Grundstück in seinem wirthschaftlichen Bestande zu erhalten und ordnungsmäßig zu benutzen (§ 152); er ist für die Erfüllung der ihm obliegenden Verpflichtungen allen Betheiligten gegenüber verantwortlich und hat jährlich und nach Beendigung der Verwaltung dem betreibenden Gläubiger und dem Schuldner Rechnung zu legen, die dem Gericht einzureichen ist (§ 154); auch im Uebrigen übt das Gericht ein Aufsichtsrecht über ihn aus, es kann von ihm Sicherheitsbestellung fordern, gegen ihn Ordnungsstrafen bis 200 Mk. verhängen, ihn entlassen (§ 153). Aus den Nutzungen des Grundstücks sind die Ausgaben der Verwaltung sowie die allgemeinen Kosten des Verfahrens vorweg zu berichtigen; der Ueberschuß wird durch das Gericht, im Wesentlichen nach den bei der Zwangsversteigerung geltenden Normen, vertheilt. Im Vertheilungstermin wird der Theilungsplan für die ganze Dauer des Verfahrens, also auch für künftige Nutzungen, aufgestellt (§ 156). Die Reihenfolge der bei der Vertheilung zu berücksichtigenden Beträge ist dieselbe, wie bei der Zwangsversteigerung (vgl. oben unter I.); doch werden die Ansprüche der zweiten, dritten und vierten Klasse nur insoweit berücksichtigt, als es sich um laufende Beträge handelt (§ 155). Das Gericht ordnet nach der Feststellung des Theilungsplanes die planmäßige Zahlung an die Berechtigten an, welche zur Zeit ihrer Fälligkeit durch den

Verwalter erfolgt (§ 157). Die Aufhebung der Zwangsverwaltung erfolgt durch Beschluß des Gerichts; sie hat namentlich dann zu erfolgen, wenn die betreibenden Gläubiger befriedigt sind (§ 161).

Die Bestimmungen des Gesetzes über die Zwangsversteigerung und die Zwangsverwaltung treten nach § 1 des Einführungsgesetzes für jeden Grundbuchbezirk mit dem Zeitpunkt in Kraft, in welchem das Grundbuch als angelegt anzusehen ist. (Vgl. Anhang.)

§ 11.

Die Hypothek im Geschäftsverkehr der Genossenschaften.

Die Gewährung von Realkredit, das Ausleihen von Geld auf Hypotheken ist im Allgemeinen nicht Aufgabe der auf genossenschaftlichem Prinzipe beruhenden Kreditinstitute. Aber es hieße sich den Thatsachen verschließen, wollte man leugnen, daß in der Praxis häufig Grundstücke und Hypothekenforderungen den Genossenschaften zur Sicherheit verpfändet werden. Welche von den verschiedenen Arten der hypothekarischen Belastung von Grundstücken eignet sich nun speziell für den Geschäftsverkehr einer Kreditgenossenschaft?

Eine allgemeine Antwort ist schwer zu ertheilen; die Verhältnisse des Einzelfalles entscheiden hier allein. Als Regel wird man vielleicht aufstellen können, daß im Allgemeinen Briefhypotheken der Vorzug vor Buchhypotheken zu geben ist, weil sie einen leichteren und freieren Verkehr ermöglichen. Dies zeigt sich insbesondere bei der Abtretung und der mit dieser sich in gleichen Formen vollziehenden Verpfändung (s. oben § 8); sie kann bei der Briefhypothek durch gerichtlich oder notariell beglaubigte Erklärung und Übergabe des Hypothekenbriefes erfolgen, während bei der Buchhypothek stets Eintragung im Grundbuche erforderlich ist.

Für den Kontokorrent-Kredit erscheint in hervorragendem Maße geeignet die sogenannte Kautions- oder Ultimathypothek (s. oben § 4 unter 2b). Der bewegliche fluktuirende Kredit in laufender Rechnung wird bis zu einem bestimmten Höchstbetrage gewährt: ebenso wird die Kautionshypothek für eine unbestimmte Forderung unter Eintragung eines Höchstbetrages bestellt. Sie ist somit für den Kontokorrent-Kredit wie geschaffen.

Für den Fall, daß vorübergehend Sicherheit gegeben werden

soll, dürfte sich auch die einfache Sicherungshypothek (§ 4 unter 2a) eignen; diese muß eintreten als Sicherstellung für Forderungen aus indossablen und Inhaber-Papieren, insbesondere aus Wechseln. Im Uebrigen ist ein erheblicher Unterschied zwischen der einfachen Sicherungshypothek und der gewöhnlichen Verkehrs- oder sogenannten Spezialhypothek für die Praxis der Kreditgenossenschaften nicht zu machen. Das Verhältniß der beiden Rechtsformen charakterisirt kurz und treffend die Denkschrift zum Entwurf eines Bürgerlichen Gesetzbuches (amtliche Ausgabe S. 669) dahin:

> „Neben der Verkehrshypothek in ihren beiden Formen ist die Sicherungshypothek, welche das dingliche Recht des Gläubigers schlechthin von der Forderung abhängig macht, für die Fälle unentbehrlich, denen die sogenannte Kautionshypothek des geltenden Rechtes dient, sowie für die Fälle, in welchen die Forderung aus einer Schuldverschreibung auf den Inhaber oder aus einem Orderpapier durch Hypothek gesichert werden soll. Es erscheint aber überhaupt gerechtfertigt, daß dem Betheiligten auch in solchen Fällen, in denen eine ihrem Grunde und Betrage nach bestimmte Forderung hypothekarisch gesichert werden soll, die Möglichkeit gegeben wird, statt einer verkehrsfähigen Hypothek eine Sicherungshypothek zu begründen."

Ein besonders in Süddeutschland von den Kreditgenossenschaften vielfach betriebener Geschäftszweig, der hier nicht übergangen werden darf, ist das Güterzielergeschäft, d. i. der Ankauf hypothekarisch gesicherter, in Raten zu zahlender Kaufgeldforderungen. Wie dies Geschäft sich unter Herrschaft des neuen Rechts in der Praxis der Genossenschaften gestalten kann, ist Seite 27 f. des Dr. Alberti'schen Buches „Das Bürgerliche Gesetzbuch und Handelsgesetzbuch nach ihrer Wirkung für die Genossenschaften" ausgeführt.

Eine weitere, in den Verwaltungsorganen der Kreditvereine häufig aufgeworfene Frage ist: Wie verschafft sich der Aufsichtsrath bei seinen Revisionen die pflichtgemäße Kenntniß, ob die in den Büchern der Genossenschaft eingetragenen Hypotheken auch zu Recht bestehen? Bei Briefhypotheken giebt der vorhandene Brief genügende Auskunft; bei Buchhypotheken, insbesondere bei Sicherungs- und Kautionshypotheken, bei denen allgemein die Ertheilung eines Briefes ausgeschlossen ist, fehlt dies Hilfsmittel. Sich vom Grundbuchrichter Bescheinigungen über den Inhalt des Grundbuches ausstellen zu lassen, kann mit Rücksicht auf die nicht unerheblichen Kosten den Genossenschaften nicht allgemein angerathen werden. Es bleibt daher dem Aufsichtsrath bezw. einem von ihm zu beauftragenden Mitgliede nichts anderes übrig, als Einsicht in das Grundbuch zu nehmen und so den Hypothekenbestand der Genossenschaft einwandsfrei festzustellen. Daß der Grundbuchrichter die Einsicht gestatten wird, darf wohl angenommen werden (vgl. oben Seite 11 f. und die dort citirte Kammergerichts-Entscheidung). Natürlich ist, falls Hypotheken auf auswärtigen Grundstücken eingetragen sind, nicht erforderlich, daß ein Mitglied des Aufsichtsraths die Reise dorthin unternimmt, sondern es wird ausreichen, wenn eine an dem betreffenden Orte ansässige Vertrauensperson mit der Grundbuchseinsicht beauftragt wird. Auch soll nicht etwa als Prinzip aufgestellt werden, daß regelmäßig bei allen Revisionen des Aufsichtsrathes solcher Gestalt der Hypothekenbestand zu prüfen ist. Eine von Zeit zu Zeit vorgenommene Prüfung wird ihren Zweck auch erfüllen. Wesentlich ist nur, daß der Aufsichtsrath sich auf die bei der Genossenschaft geführten Verzeichnisse der Hypotheken ꝛc. nicht ohne Weiteres verläßt, sondern ab und zu deren Richtigkeit durch Grundbuchseinsicht kontrollirt.

§ 12.

Formulare für den Geschäftsverkehr der Genossenschaften.

Formular 1.

Schuldurkunde mit Bestellung einer Briefhypothek.

Der Vorschuß-Verein zu N., eingetragene Genossenschaft mit unbeschränkter Haftpflicht, hat mir heute ein Darlehen von . . . Mk. . . . Pf., in Worten . . . . baar gegeben.

Ich verpflichte mich, dieses Darlehen bis zum . . . . zurückzuzahlen und bis dahin . . . Prozent Zinsen jährlich zu entrichten. Ich unterwerfe mich ferner einer Erhöhung des Zinsfußes auch während der Dauer des Darlehens, wenn solche statutgemäß für die von der Genossenschaft gegebenen Darlehen beschlossen wird.

Als Erfüllungsort für meine Verpflichtungen gilt das Geschäftslokal der Genossenschaft.

Wegen der vorbezeichneten Forderung nebst Zinsen[1]) bestelle ich dem Vorschuß-Verein zu N., eingetragene Genossenschaft mit unbeschränkter Haftpflicht, eine Hypothek an meinem Grundstück . . . . . Ich bewillige und beantrage die Eintragung dieser Hypothek in das Grundbuch, sowie die Aussertigung des Hypothekenbriefs für die vorbezeichnete Genossenschaft.[2])

N., den . . . . . . (Unterschrift.)

[Folgt Beglaubigung.]

Formular 2.

Bestellung einer Buchhypothek auf Grund einer bereits vorhandenen Schuldurkunde.

Für die nach der Schuldurkunde vom . . . . . . dem Vorschuß-Verein zu N., eingetragene Genossenschaft mit unbeschränkter Haftpflicht, gegen mich zustehende Forderung von . . . Mk. . . Pf., rückzahlbar am . . . . . . und verzinslich zu . . % jährlich, nebst Zinsen verpfände ich dem genannten Vorschuß-Verein mein Grundstück . . . . . Ich bewillige und beantrage die Eintragung dieser Hypothek in das Grundbuch. Die Ertheilung eines Hypothekenbriefes ist ausgeschlossen.

N., den . . . . . . (Unterschrift.)

Mit dem Ausschluß der Ertheilung eines Hypothekenbriefes sind wir einverstanden.[3])

N., den . . . . . .

Vorschuß-Verein zu N., e. G. m. u. H.

(Unterschriften.)

[Folgt Beglaubigung.]

Formular 3.

Bestellung einer einfachen Sicherungshypothek.

(Schuldverschreibung wie Form. 1.)

Zur Sicherheit für Kapital und Zinsen bestelle ich dem genannten Vorschuß-Verein eine Sicherungshypothek gemäß § 1184 des Bürger-

---

[1]) Für die Kosten haftet das Grundstück ohne besondere Eintragung, vgl. oben § 7 (Seite 22).

[2]) Die Kosten trägt der beantragende Eigenthümer, falls nichts Anderes vereinbart wird.

[3]) Mit Rücksicht auf § 1116 Abs. 2, der ausdrücklich die Einigung des Gläubigers und des Eigenthümers voraussetzt.

lichen Gesetzbuchs an meinem Grundstücke . . . . . . Ich bewillige und beantrage die Eintragung dieser Sicherungshypothek in das Grundbuch.[1])

N., den . . . . . . (Unterschrift. Beglaubigung.)

Formular 4.

Bestellung einer Kautionshypothek.

Ich stehe mit dem Vorschuß-Verein zu N., eingetragene Genossenschaft mit unbeschränkter Haftpflicht, in Geschäftsverbindung.

Für alle Ansprüche der genannten Genossenschaft gegen mich aus dieser Geschäftsverbindung verpfände ich derselben mein Grundstück . . . . . . bis zum Höchstbetrage von . . . . Mark. Ich bewillige und beantrage die Eintragung einer entsprechenden Hypothek in das Grundbuch.[1])

N., den . . . . . . (Unterschrift. Beglaubigung.)

Formular 5.

Bestellung einer Grundschuld.

Ich bewillige und beantrage, daß auf meinem Grundstück . . . . . . eine Grundschuld von . . . . Mark, in Worten . . . . . ., verzinslich von heute ab mit . . % jährlich, für den Vorschuß-Verein zu N., eingetragene Genossenschaft mit unbeschränkter Haftpflicht, eingetragen werde. Das Kapital ist nach einer sowohl dem Eigenthümer als dem Gläubiger zustehenden dreimonatigen Kündigung zurückzuzahlen; die Zinsen sollen vierteljährlich praenumerando gezahlt werden. Erfüllungsort für die hieraus entstehenden Zahlungsverbindlichkeiten ist das Geschäftslokal der genannten Genossenschaft.[2]) [Die Ertheilung eines Grundschuldbriefes ist ausgeschlossen.]

N., den . . . . . . (Unterschrift. Beglaubigung.)

Formular 6.

Bestellung einer Rentenschuld.

Ich bewillige und beantrage, daß auf meinem Grundstücke . . . . . . eine Rentenschuld von . . . . Mark jährlich, in Worten . . . . . . für den Vorschuß-Verein zu N., eingetragene Genossenschaft

---

[1]) Vgl. § 1185 B.G.B.: „Bei der Sicherungshypothek ist die Ertheilung des Hypothekenbriefes ausgeschlossen", und § 1190 Abs. 3 B.G.B.

[2]) Mit Rücksicht auf § 1194 B.G.B.

mit unbeschränkter Haftpflicht, eingetragen werde. Die Rente soll am 1. Januar, 1. April, 1. Juli, 1. Oktober mit je . . . Mark, beginnend am . . . ., zahlbar sein. Die Rente ist durch Zahlung von . . . Mark ablösbar nach halbjähriger Kündigung, die jedoch erst vom 1. Januar . . . . ab zulässig ist. Die Zahlungen haben im Geschäftslokale des genannten Vorschuß-Vereins zu erfolgen.[1]) [Die Ertheilung eines Briefes ist ausgeschlossen.]

N., den . . . . . .

(Unterschrift. Beglaubigung.)

Formular 7.

Umwandlung einer Hypothek in eine Grundschuld.

Auf dem Grundstück . . . . . ., dem mitunterzeichneten . . . . . gehörig, ist eine Hypothek von . . . . Mark, verzinslich zu . . . %, zu Gunsten des mitunterzeichneten Vorschuß-Vereins zu N., eingetragene Genossenschaft mit unbeschränkter Haftpflicht, eingetragen. Die beiden Unterzeichneten haben vereinbart, diese Hypothek in eine Grundschuld umzuwandeln. Sie überreichen zu diesem Zwecke den Hypothekenbrief und beantragen:

1. die Umwandlung der Hypothek in das Grundbuch einzutragen;
2. die Eintragung auf dem Hypothekenbriefe zu vermerken und alsdann diesen Brief dem Vorschuß-Verein zu N. auszuhändigen;
3. die entstandenen Kosten von dem Grundstückseigenthümer zu erfordern.

N., den . . . . . .

(Unterschrift beider Theile. Beglaubigung.)

Formular 8.

Antrag auf nachträgliche Ertheilung eines Hypothekenbriefes (Verwandlung einer Buchhypothek in eine Briefhypothek).

Auf dem Grundstücke . . . . . ., dessen Eigenthümer der mit-

1) Vgl. §§ 1200, 1194 B.G.B.

unterzeichnete . . . . . . ist, steht in Abtheilung III unter Nr. . . . eine Hypothek von . . . . Mark für den mitunterzeichneten Vorschuß-Verein zu N., eingetragene Genossenschaft mit unbeschränkter Haftpflicht, unter Ausschließung der Ertheilung eines Hypothekenbriefes eingetragen.

Wir haben nunmehr die Ausschließung des Briefes aufgehoben und beantragen, dies in das Grundbuch einzutragen sowie einen Hypothekenbrief auszufertigen.[1])

N., den . . . . . .

(Unterschrift beider Theile. Beglaubigung.)

Formular 9.

Abtretung einer Briefhypothek.[2])

Auf dem Grundstück . . . . . . ist in Abtheilung . . . . unter Nr. . . . eine Forderung von . . . . Mark, verzinslich zu . . . Prozent jährlich, für mich eingetragen.

Diese Hypothekenforderung nebst Zinsen seit . . . . trete ich hierdurch an den Vorschuß-Verein zu N., eingetragene Genossenschaft mit unbeschränkter Haftpflicht, ab. Ich übergebe den Hypothekenbrief der genannten Genossenschaft und bewillige und beantrage die Eintragung der Abtretung in das Grundbuch.

N., den . . . . . .

(Unterschrift. Beglaubigung.)[3])

Formular 10.

Abtretung einer Buchhypothek.

Auf dem Grundstücke . . . . ist in Abtheilung III unter Nr. . . . eine Forderung von . . . . Mark, verzinslich zu . . . Prozent jährlich, für mich eingetragen.

---

[1]) Wenn nichts Anderes bestimmt wird — wobei die Form des § 29 Satz 1 der Reichs-Grundbuchordnung zu wahren ist —, so ist der Hypothekenbrief dem Gläubiger auszuhändigen (§ 60 der Reichs-Grundbuchordnung).

[2]) Dies Formular gilt nur für einfache Abtretung, nicht für Abtretung zur Sicherheit; vergl. über deren Unzweckmäßigkeit § 8 (S. 27 f.). Die Sicherheitscession muß zum mindesten den bestimmten Hinweis darauf enthalten, daß sie nur „zur Sicherheit“ geschieht. (Vgl. die in § 8 citirten Aufsätze der „Blätter für Genossenschaftswesen“.)

[3]) Vgl. über die Zweckmäßigkeit der Beglaubigung § 8, S. 25, 26.

Ich trete diese Hypothekenforderung nebst Zinsen seit . . . . . . an den Vorschuß-Verein zu N., eingetragene Genossenschaft mit unbeschränkter Haftpflicht, hierdurch ab und bewillige und beantrage die Eintragung der Abtretung in das Grundbuch.[1])

N., den . . . . . .

(Unterschrift. Beglaubigung.)

Formular 11.

Abtretung einer Grundschuld.

Auf dem Grundstücke . . . . ist in Abteilung III unter Nr. . . . eine Grundschuld von . . . . . . Mark nebst . . Prozent Zinsen für mich eingetragen.

Ich trete diese Grundschuld hiermit an den Vorschuß-Verein zu N., eingetragene Genossenschaft mit unbeschränkter Haftpflicht, ab, übergebe den über die Grundschuld gebildeten Brief dem genannten Vorschuß-Verein und bewillige und beantrage die Eintragung der Abtretung in das Grundbuch.

N., den . . . . . .

(Unterschrift. Beglaubigung.)

Formular 12.

Verpfändung einer Briefhypothek.

Dem Vorschuß-Verein zu N., eingetragene Genossenschaft mit unbeschränkter Haftpflicht, schulde ich aus Darlehen die Summe von . . . . Mark, in Worten . . . ., nebst . . Prozent Zinsen seit . . . .

Für diese Forderung verpfände ich demselben die für mich auf dem Grundstück . . . . . ., Eigenthümer . . . . . ., in Abtheilung III unter Nr. . . . eingetragene Hypothek. Ich übergebe den über diese Hypothek ausgestellten Brief der genannten Genossenschaft und bewillige und beantrage die Eintragung der Verpfändung in das Grundbuch.

N., den . . . . . .

(Unterschrift. Beglaubigung.)

---

1) Die Abtretung der Buchhypothek wird nur wirksam durch Eintragung in das Grundbuch; diese muß daher stets erfolgen (vgl. oben § 8).

Formular 13.

Verpfändung einer Buchhypothek.

(Erster Absatz wie Form. 12.)

Für diese Forderung verpfände ich demselben die für mich auf dem Grundstücke ...., Eigenthümer ...., in Abtheilung III unter Nr. .... eingetragene Hypothek. Ich bewillige und beantrage die Eintragung der Verpfändung in das Grundbuch.[1])

N., den ......

(Unterschrift, Beglaubigung.)

Formular 14.

Verpfändung einer Grundschuld.

(Erster Absatz wie Form. 12.)

Für diese Forderung verpfände ich demselben die für mich auf dem Grundstücke .... in Abtheilung III unter Nr. .... eingetragene Grundschuld. Ich [übergebe dem genannten Vorschuß-Verein den über diese Grundschuld gebildeten Brief und] bewillige und beantrage die Eintragung der Verpfändung in das Grundbuch.

N., den ......

(Unterschrift. Beglaubigung.)

Formular 15.

Quittung und Löschungsbewilligung; Antrag auf Umschreibung der Hypothek auf den Eigenthümer.

Auf dem Grundstücke .... ist in Abtheilung III unter Nr. ... ein Darlehen von ...... Mark für den unterzeichneten Vorschuß-Verein zu N., eingetragene Genossenschaft mit unbeschränkter Haftpflicht, eingetragen. Dieses Darlehen hat der mitunterzeichnete Eigenthümer des verpfändeten Grundstücks ......, nebst allen Zinsen zurückgezahlt. Der unterzeichnete Vorschuß-Verein quittirt hiermit den Empfang und bewilligt die Löschung der Hypothek im Grundbuche.

Der mitunterzeichnete Eigenthümer des Grundstücks beantragt [unter Ueberreichung des Hypothekenbriefes] auf Grund vorstehender Erklärung, die bezeichnete Hypothek auf seinen Namen umzuschreiben.

N., den ......

(Unterschrift beider Theile. Beglaubigung.)

---

[1]) Vergl. Anm. 2 zu Form. 10.

Formular 16.

Löschungsantrag auf Grund einer Löschungsbewilligung.[1])

(Erster Absatz wie Form. 15.)

Der mitunterzeichnete Eigenthümer des Grundstücks beantragt [unter Ueberreichung des Hypothekenbriefes] diese Löschung.

N., den . . . . . .

(Unterschrift beider Theile. Beglaubigung.)

---

[1]) Im Allgemeinen, insbesondere wenn nachstehende Hypotheken-Gläubiger vorhanden sind, kann dem Grundstückseigenthümer nur gerathen werden, die zurückgezahlte Hypothekenforderung nicht löschen, sondern — gemäß Form. 15 — auf seinen Namen umschreiben zu lassen — vgl. hierüber § 5.

Anhang.

Der zeitliche Geltungsbereich des Reichshypothekenrechts.

Der wesentliche Zeitpunkt für die Beurtheilung der Frage, nach welchem Rechte eine Hypothek, bezw. ein mit derselben vorzunehmendes Rechtsgeschäft beurtheilt werden muß, ist der Augenblick, in welchem das Grundbuch für den betreffenden Bezirk als angelegt zu betrachten ist: bis dahin gilt das alte, von da ab das neue Recht (vgl. auch § 82 G.B.O.). Dieser wichtige Zeitpunkt wird gemäß Art. 186 Einf.-Ges. z. B.G.B. für jeden Bundesstaat durch landesherrliche Verordnung bestimmt.

1. Für Preußen ist auf Grund des Art. 186 die Königliche Verordnung, betreffend das Grundbuchwesen, vom 13. November 1899 ergangen (Gesetz-Sammlung S. 519ff.). Nach ihr ist für den weitaus größten Theil der Monarchie — die einzelnen Bezirke sind in einem der Verordnung beigegebenen Verzeichniß zusammengestellt — das Grundbuch als mit dem Inkrafttreten des B.G.B. angelegt anzusehen (Art. 3). Es trifft dies diejenigen Theile Preußens, in welchen die preußische Grundbuchgesetzgebung vom 5. Mai 1872 von Anfang an galt, insbesondere sämmtliche preußischen Amtsgerichtsbezirke des Kammergerichts und der Oberlandesgerichte Königsberg, Marienwerder, Stettin, Posen, Breslau, Naumburg, Hamm, Jena. Für die Landestheile, in welchen die G.B.O. vom 5. Mai 1872 durch besondere Gesetze eingeführt ist, bleiben im Allgemeinen die Vorschriften dieser besonderen Gesetze über den Zeitpunkt der vollendeten Anlegung des Grundbuchs in Kraft (Art. 4, 5). Besondere Verordnungen sind vorgesehen für das Gebiet des vormaligen Herzogthums Nassau und die Insel Helgoland, die einzigen Landestheile, in denen die preußischen Grundbuchgesetze nicht eingeführt gewesen sind (Art. 35). Für Nassau ist die angekündigte Verordnung am 11. Dezember 1899 ergangen (Gesetzsammlung S. 595), für Helgoland am 10. April 1900 (Gesetzsammlung S. 111). Nach Art. 14 der

Königlichen Verordnung vom 13. November 1899 wird, wenn für einen Bezirk die Anlegung des Grundbuches im Wesentlichen vollendet ist, dies im Amtsblatte bekannt gemacht. Mit Beginn des elften Tages nach Ausgabe des Amtsblattes ist das Grundbuch für den Bezirk als angelegt anzusehen.

2. In Bayern wird der Zeitpunkt, in welchem das Grundbuch für einen Bezirk als angelegt anzusehen ist, durch das Staatsministerium der Justiz bestimmt und durch das betreffende Amtsgericht mittels Anheften an die Gerichtstafel und Einrücken in das für Bekanntmachungen bestimmte Blatt veröffentlicht. — § 26 der Verordnung, die Anlegung des Grundbuchs rechts des Rheins betr., vom 23. Juli 1898 (Gesetz- und Verordnungsblatt 1898 Nr. 39 S. 493 ff.); § 26 der Verordnung, die Anlegung des Grundbuchs in der Pfalz betr., vom 28. August 1898 (Gesetz- und Verordnungsblatt 1898 Nr. 44 S. 561 ff.) —

3. Das Königreich Sachsen bestimmt in § 1 der Verordnung zur Ausführung der Grundbuchordnung vom 26. Juli 1899 allgemein: „Das Grundbuch gilt mit dem 1. Januar 1900 als angelegt." — Gesetz- und Verordnungsblatt für das Königreich Sachsen 1899 Stück 10 Nr. 47 S. 261 ff. —

4. Württemberg: „Vom 1. Januar 1900 an gelten die in den Gemeinden bisher geführten Güterbücher, Servitutenbücher und Unterpfandsbücher für den Grundbuchamtsbezirk der Gemeinde als Grundbuch mit der Maßgabe, daß das Güterbuch das Hauptbuch ist. Mit dem gedachten Zeitpunkt ist das Grundbuch für den Gemeindebezirk als angelegt anzusehen." — § 1 der Kgl. Verordnung vom 30. Juli 1899.

5. In Baden ist eine Verordnung auf Grund des Art. 186 Abs. 1 des Einführungsgesetzes zum Bürgerlichen Gesetzbuch über den Zeitpunkt, in welchem das Grundbuch im Sinne der Reichsgesetze als angelegt gilt, noch nicht erlassen.

6. Hessen: „Das Ministerium der Justiz bestimmt den Zeitpunkt, in welchem das Grundbuch als angelegt anzusehen ist. . . . . Die Verfügung ist durch das Amtsgericht zu veröffentlichen."

— §. 42 der Verordnung, die Anlegung des Grundbuches und die Ausführung der Grundbuchordnung betr., vom 13. Januar 1900. —

Ueber die Form der Veröffentlichung der ministeriellen Verfügung bestimmt § 84 der Anweisung für die Grh. Gerichte, die Anlegung des Grundbuchs betr., vom 1. Februar 1900.

7. Mecklenburg-Schwerin: „Der Zeitpunkt, in welchem das Grundbuch für einen Bezirk als angelegt anzusehen ist, wird durch das Großherzogliche Justizministerium bestimmt und öffentlich bekannt gemacht."

— § 52 der Verordnung zur Ausführung der Grundbuchordnung vom 9. April 1899 (Regierungsblatt für das Großherzogthum Mecklenburg-Schwerin 1899 Nr. 14 S. 173 ff.) —

8. In Sachsen-Weimar ist eine Verordnung betreffend den Zeitpunkt, in welchem das Grundbuch als angelegt anzusehen ist, bisher nicht erlassen.

9. Mecklenburg-Strelitz: „Der Zeitpunkt, in welchem das Grundbuch für einen Bezirk als angelegt anzusehen ist, wird durch Unsere Landesregierung bestimmt und öffentlich bekannt gemacht."

— § 52 der Verordnung zur Ausführung der Grundbuchordnung vom 9. April 1899 (Großherzoglich Mecklenburg-Strelitzscher Offizieller Anzeiger für Gesetzgebung und Staatsverwaltung 1899 Nr. 19 S. 181 ff.). —

10. In Oldenburg ist übereinstimmend für

a) Herzogthum Oldenburg (§ 1 der Verordnung vom 15. Mai 1899 — Gesetzblatt für das Herzogthum Oldenburg Bd. XXXII Stück 43 Nr. 79 S. 453 ff.)

b) Fürstenthum Birkenfeld (§ 1 der Verordnung vom 13. Oktober 1890 — Gesetzblatt für das Fürstenthum Birkenfeld Bd. XV. Stück 58 S. 278 ff.)

c) Fürstenthum Lübeck (§ 1 der Verordnung vom 15. Mai 1899 — Gesetzblatt für das Fürstenthum Lübeck Bd. 22 Stück XXII. S. 163 ff.)

bestimmt: „Mit dem Inkrafttreten des Bürgerlichen Gesetzbuches ist das Grundbuch als angelegt anzusehen."

11. Braunschweig: „Mit dem Inkrafttreten des Bürgerlichen Gesetzbuches ist das Grundbuch für sämmtliche Bezirke des Herzogthums als angelegt anzusehen.

Die in Gemäßheit der bisherigen Gesetze im Herzogthum geführten Grundbücher gelten als Grundbücher im Sinne der Reichsgesetze."

— § 3 der Verordnung, betreffend die Ausführung der Reichsgrundbuchordnung, sowie die Anlegung der Grundbücher, vom 12. Juni 1899 (Gesetz- und Verordnungs-Sammlung 1899 Nr. 50 S. 503 ff.). —

12. Sachsen-Meiningen: „Die Grundbücher gelten für das Herzogthum mit dem 1. Januar 1900 als angelegt."

— Art. 4 der Verordnung vom 16. Dezember 1899, betreffend das Grundbuch (Sammlung der Landesherrlichen Verordnungen im Herzogthum Sachsen-Meiningen 1899 Nr. 98 S. 484 f.). —

13. Sachsen-Altenburg: „Das Grundbuch ist mit dem 1. Januar 1900 als angelegt anzusehen."

— § 1 der Höchsten Verordnung zur Ausführung der Grundbuchordnung vom 5. September 1899 (Herzoglich Sachsen-Altenburgische Gesetzsammlung 1899 Stück X Nr. 49 S. 141 ff.). —

14. Sachsen-Coburg-Gotha: „Im Sinne des Bürgerlichen Gesetzbuches und seiner Nebengesetze gilt das Grundbuch in sämmtlichen Bezirken der Herzogthümer Coburg und Gotha mit dem 1. Januar 1900 als angelegt."

— § 4 der Verordnung zur Ausführung der Grundbuchordnung, vom 1. Dezember 1899 (Gemeinschaftliche Gesetzsammlung für die Herzogthümer Coburg und Gotha Nr. 635 S. 317 ff. von 1899). —

15. Anhalt: „Mit dem 1. Januar 1900 ist das Grundbuch für sämmtliche Grundbuchbezirke als angelegt anzusehen; die bisher geführten Grundbücher gelten als Grundbücher im Sinne der Reichsgesetze."

— Art. 3 der Verordnung, betreffend das Grundbuchwesen, vom 17. Dezember 1899 (Gesetz-Sammlung für das Herzogthum Anhalt 1899 Nr. 1068 S. 369 ff.). —

16. In Schwarzburg-Rudolstadt ist eine Verordnung auf Grund des Art. 186 Abs. 1 des Einführungsgesetzes zum Bürgerlichen Gesetzbuche bisher nicht erlassen.

17. In Schwarzburg-Sondershausen kommen in Betracht einmal Artikel 22 des Ausführungsgesetzes zum Bürgerlichen Gesetzbuche vom 19. Juli 1899:

„Soweit bei Inkrafttreten des Bürgerlichen Gesetzbuchs die Grundbuchanlegung noch nicht beendet ist, behalten die Bestimmungen der Landesgrundbuchordnung vom 2. August 1882 und die mit dieser in Zusammenhang stehenden landesgesetzlichen Vorschriften für das Verfahren bei der Anlegung Geltung.

Der Tag, zu welchem gemäß § 143 der Landesgrundbuchordnung das Grundbuch für einen Bezirk in Kraft gesetzt wird, ist im Sinne der Art. 186 ff. des Einführungsgesetzes zum Bürgerlichen Gesetzbuche als der Zeitpunkt anzusehen, zu dem das Grundbuch für den betreffenden Bezirk als angelegt gilt.

Die vollständige Beendigung der Grundbuchanlegung ist von dem Ministerium in der Gesetzsammlung bekannt zu machen."

Und sodann § 4 des Ausführungsgesetzes zur Reichsgrundbuchordnung vom 29. Juli 1899:

„Die vorhandenen Grundbücher und die Grundbücher, welche nach Art. 22 des Ausführungs-Gesetzes zum Bürgerlichen Gesetzbuche in Kraft gesetzt werden, gelten als Grundbücher im Sinne der Reichsgesetze."

(Gesetzsammlung für das Fürstenthum Schwarzburg-Sondershausen vom Jahre 1899 Stück 6 S. 29 ff. bezw. Stück 15 S. 145 ff.)

18. Für Waldeck ist gemäß Art. 3 der Verordnung, betr. das Grundbuchwesen für einen Theil der Grundbuchbezirke (die aus einer Anlage zu dieser Verordnung ersichtlich sind) das Grundbuch mit dem Inkrafttreten des Bürgerlichen Gesetzbuches als angelegt anzusehen. Für die übrigen Bezirke bestimmt Art. 13 der Verordnung:

„Ist die Anlegung des Grundbuches für einen Grundbuchbezirk oder einen Anlegungsbezirk im Wesentlichen vollendet, so wird dies nach Anweisung des Justizministers in der Beilage zum Regierungsblatte bekannt gemacht.

Mit dem Beginne des elften Tages nach der Ausgabe des Regierungsblattes ist das Grundbuch für den Bezirk als angelegt anzusehen."

(Fürstlich Waldeckisches Regierungsblatt 1899 Nr. 29 S. 244 ff.)

19. Reuß Aelterer Linie: „Das Grundbuch gilt mit dem 1. Januar 1900 als angelegt."

— § 1 der Landesherrlichen Verordnung vom 6. Dezember 1899. (Gesetzsammlung für das Fürstenthum Reuß Aelterer Linie 1899 Nr. 13 S. 201 ff.) —

20. Reuß Jüngerer Linie: „Das Grundbuch gilt mit dem 1. Januar 1900 als angelegt."

— § 1 der Landesherrlichen Verordnung vom 18. November 1899 zur Ausführung der Grundbuchordnung (Gesetzsammlung für das Fürstenthum Reuß Jüngerer Linie 1899 Nr. 586 S. 263 ff.). —

21. In Schaumburg-Lippe ist für einen Theil der Grundbuchbezirke (die in einer Anlage bezeichnet sind) das Grundbuch mit dem Inkrafttreten des Bürgerlichen Gesetzbuches als angelegt anzusehen.

— § 1 der Landesherrlichen Verordnung, betr. die Ausführung der Grundbuchordnung für das Deutsche Reich, vom 24. März 1897, sowie die Anlegung der Grundbücher, vom 2. Dezember 1899 (Schaumburg-Lippische Landesverordnungen 1899 Nr. 26 S. 319 ff.). —

Für die übrigen Bezirke bestimmt § 74 der Verordnung, daß das Amtsgericht den Zeitpunkt, in welchem das Grundbuch als angelegt anzusehen ist, in den Landesanzeigen bekannt zu machen hat.

22. Lippe: „Mit dem Inkrafttreten des Bürgerlichen Gesetzbuches ist das Grundbuch für das Fürstenthum Lippe im Sinne des Bürgerlichen Gesetzbuches als angelegt anzusehen."

— § 1 der Verordnung zur Ausführung der Grundbuchordnung vom 18. Dezember 1899 (Gesetzsammlung für das Fürstenthum Lippe 1899 Nr. 16 S. 600 ff.). —

23. Lübeck: „Der Zeitpunkt, in welchem das Grundbuch für einen Bezirk als angelegt anzusehen ist, wird durch Verordnung des Senates bestimmt."

— § 53 Abs. 2 des Ausführungsgesetzes zur Grundbuchordnung vom 22. Dezember 1899 (Gesetz- und Verordnungsblatt der freien und Hansestadt Lübeck 1899 Nr. 11 S. 151 ff.) —

Seit dem 1. Juni 1900 gilt das Grundbuch allgemein als angelegt.

24. Bremen: „Der Zeitpunkt, in welchem das Grundbuch für den Bezirk als angelegt anzusehen ist, wird auf Antrag des Amtsgerichts durch die Justizkommission des Senats bestimmt und öffentlich

bekannt gemacht. Auf den Inhalt der Bekanntmachung findet die Vorschrift des § 10 Abs. 2 entsprechende Anwendung."

Nach § 10 Abs. 2 ist der Zeitpunkt dreimal in achttägigen Zwischenräumen in den Bremer Nachrichten bekannt zu machen.

— §§ 25 bezw. 10 der Verordnung, betr. die Anlegung des Grundbuchs 2c., vom 19. Dezember 1899 (Gesetzblatt der Freien Hansestadt Bremen 1899 Nr. 33 S. 303ff.). —

25. Hamburg: „Der Senat hat einen innerhalb der ersten beiden Monate des Jahres 1900 liegenden Zeitpunkt festzusetzen, in welchem das Grundbuch für das ganze Staatsgebiet als angelegt anzusehen ist."

— § 11 des Gesetzes, betr. Ausführung der Grundbuchordnung, vom 14. Juli 1899 (Hamburgische Gesetzsammlung 1899 I. Abtheilung Nr. 39 S. 1ff.). —

26. Elsaß-Lothringen: „Der Zeitpunkt, in welchem das Grundbuch als angelegt anzusehen ist, wird durch das Ministerium bestimmt. Die Verfügung ist durch das Gesetzblatt bekannt zu machen."

— § 29 der Verordnung, betr. die Anlegung von Grundbüchern, vom 18. April 1900. —

Zusammenfassend sei nochmals festgestellt:

Mit dem 1. Januar 1900 war das Grundbuch im Sinne des Bürgerlichen Gesetzbuches und seiner Nebengesetze als angelegt anzusehen in:

Sachsen (Königreich),
Württemberg,
Oldenburg,
Braunschweig,
Sachsen-Meiningen,
Sachsen-Altenburg,
Sachsen-Coburg-Gotha,
Anhalt,
Reuß Aelterer Linie,
Reuß Jüngerer Linie,
Lippe-Detmold,

ferner in Theilen von Preußen (s. Anlage zur Kgl. Verordnung vom 13. November 1899), Schaumburg-Lippe (s. Anlage zur Landesherrlichen Verordnung vom 2. Dezember 1899) und Waldeck (s. Anlage zur Verordnung betr. das Grundbuchwesen vom 20. Dezember 1899).

Zwar nicht mit Inkrafttreten des Bürgerlichen Gesetzbuches, aber doch zur Zeit als angelegt gilt das Grundbuch in:

Hamburg (seit einem innerhalb der ersten zwei Monate des Jahres 1900 liegenden Tage)

und Lübeck (seit dem 1. Juni 1900).

Die Bestimmung des Zeitpunktes steht noch aus (sie ist meistens den betr. Ministerien der Justiz delegirt) in:

Bayern,
Baden,
Hessen,
Mecklenburg-Schwerin,
Sachsen-Weimar,
Mecklenburg-Strelitz,
Schwarzburg-Rudolstadt,
Schwarzburg-Sondershausen,
Bremen,
Elsaß-Lothringen.

Druck von A. W. Hayn's Erben, Berlin und Potsdam.

MIX
Papier | Fördert gute Waldnutzung
FSC® C083411

Kolibri 360 GmbH
Ferdinand-Jühlke-Straße 7
99095 Erfurt, Deutschland
produktsicherheit@kolibri360.de